Aristoteles

77 Tricks zur Steigerung der Staatseinnahmen

Aristoteles

77 Tricks zur Steigerung der Staatseinnahmen

Oikonomika II

Griechisch/Deutsch

Übersetzt und herausgegeben
von Kai Brodersen

Philipp Reclam jun. Stuttgart

Für Eberhard Schaich

RECLAMS UNIVERSAL-BIBLIOTHEK Nr. 18438
Alle Rechte vorbehalten
© 2006 Philipp Reclam jun. GmbH & Co., Stuttgart
Gesamtherstellung: Reclam, Ditzingen. Printed in Germany 2006
RECLAM, UNIVERSAL-BIBLIOTHEK und
RECLAMS UNIVERSAL-BIBLIOTHEK sind eingetragene Marken
der Philipp Reclam jun. GmbH & Co., Stuttgart
ISBN-13: 978-3-15-018438-7
ISBN-10: 3-15-018438-X

www.reclam.de

Inhalt

Einführung

Oikonomika, Zweites Buch

Einführung

A Aristoteles' *Oikonomika*

Wie kann man die Staatseinnahmen steigern? Gerade die heutige Politik stellt sich immer wieder diese Frage, sucht mehr oder weniger trickreiche Antworten – und hat doch längst noch nicht alle Möglichkeiten gefunden! Blicken wir nämlich einmal in die Trickkiste einer längst vergangenen Zeit, stoßen wir auf unerhörte Ideen. Auf was alles hat man damals Abgaben erheben können: nicht nur auf den Salzverkauf, sondern auch auf die Stände von Wundertätern und Magiern, auf langes Haar und auf Haustüren, die sich zur Straße hin öffnen. Man hat die Zahlungstermine für Staatsausgaben allmonatlich etwas weiter hinausgeschoben, bis übers Jahr ein ganzer Monat eingespart war. Man hat eine Währungsreform durchgesetzt oder Geld nicht mehr aus Edelmetall, sondern aus Zinn geprägt. Man hat einen Feiertag (und das zugehörige Volksfest) ersatzlos ausfallen lassen und den eingesparten Betrag dem Staatssäckel zugeführt. Man hat den Goldschmuck der Frauen zur Zwangsanleihe gemacht oder manche Einbürgerungen nur gegen Bargeld gewährt. Man hat unbezahlte Urlaubstage vorgeschrieben oder hat Mensch und Vieh einen ganzen Tag lang hungern lassen – all das nur, um die Staatseinnahmen zu steigern. Und man hat gegen Zahlung einer Sondersteuer durch die Bevölkerung beinahe einen missliebigen Finanzminister abgelöst.

Mit welchen Maßnahmen manche in früherer Zeit den Weg zum Geld beschritten haben oder was man trickreich dafür eingerichtet hat, haben wir zusammengestellt, soweit wir es für nennenswert hielten. Auch diese Forschung nämlich hielten wir für nützlich, denn es ist ja möglich, dass etwas davon zu dem passt, was jemand heute unternehmen will.

77 solcher Tricks zur Steigerung der Staatseinnahmen bietet das Buch, dem wir die angeführten Beispiele und das wörtliche Zitat verdanken und das vor fast zweieinhalb Jahrtausenden entstanden ist.

An ganz unerwarteter Stelle findet sich dieses Buch – nämlich mitten unter den Werken des großen griechischen Philosophen Aristoteles (384–322 v. Chr.) als zweites Buch eines Werks mit dem Titel *Oikonomika* (auch *Oikonomikos* ist als Titel überliefert). Der griechische Begriff *oikos* bezeichnet das ›Haus‹ der Familie und damit auch diese selbst, eben den ›Haushalt‹, *nomos* meint die ›Regelung‹, das ›Gesetz‹. Unter *oikonomia* versteht man also die ›Regelung des Hauses‹, die ›Hauswirtschaft‹. Mit »Ökonomie«, *economy, économie, economia* usw. beschreiben viele moderne Sprachen nun das umfassendere Phänomen der ›Wirtschaft‹. Beides, ›Hauswirtschaft‹ im engeren und ›Wirtschaft‹ im weiteren Sinne, ist Gegenstand der *Oikonomika*: Deren erstes Buch beschreibt im engeren Sinne die »Regelung des Hauses«, also die Herrschaftsverhältnisse in der Familie zwischen Mann und Frau, Herrn und Sklaven, Vater und Kindern. Das zweite bietet nach einer kurzen und arg oberflächlichen Abhandlung zur allgemeinen Theorie der Wirtschaftsformen eine Sammlung von 77 in der Praxis erprobten Tricks zur Steigerung der Staatseinnahmen. Das dritte, nur in einer lateinischen Fassung erhaltene Buch behandelt »die Gesetze des Mannes und der Ehe« und kehrt damit wieder zur Hauswirtschaft im engeren Sinne zurück.

Die drei Bücher der *Oikonomika*, die als Werke des Aristoteles im Mittelalter mehrfach ins Lateinische übersetzt wurden und bis heute oft zusammen mit den echten Werken des Philosophen abgedruckt werden, sind in Inhalt und Sprachgestalt ganz unterschiedlich und bilden sicher keine ursprüngliche Einheit. Ja, mehr noch: Zwar ist überliefert, dass Aristoteles ein (einziges) Buch *peri oikonomías* schrieb (Diogenes Laërtios 5,22), doch für keines der drei Bücher *Oikonomika* lässt sich Aristoteles als Autor wahrscheinlich machen – zu groß sind die Widersprüche zwischen dem, was hier präsentiert wird, und dem, was wir sonst von Aristoteles kennen. Bereits in der frühen Neuzeit hat man deshalb den Schluss gezogen, dass keines der drei Bücher von Aristoteles stammen kann.

Zwar mindert diese Erkenntnis den Wert des Werks für die Philosophiegeschichte, doch darf sie nicht – was freilich häufig geschieht – zu einer völligen Ablehnung des Werts der *Oikonomika* und insbesondere des zweiten Buchs als historische Quellen führen. Immerhin bietet es uns eine Vielzahl von Exempeln für ein Thema, das in der antiken Literatur sonst nur höchst selten behandelt wird – eben für das Wirtschaftsleben in der griechischen Antike bis ins 4. Jahrhundert v. Chr.

Als Zeugnis hierfür möchte die vorliegende Publikation den Text erschließen. Eine systematische Einführung macht (in 21 mit den Buchstaben des Alphabets bezeichneten Kapiteln) ein heutiges Lesepublikum mit der Lebenswelt vertraut, deren Kenntnis der antike Autor bei seinen Zeitgenossen vorausgesetzt hat. In der für diesen Band neu erstellten Übersetzung wird dann mit den Buchstaben auf diese Kapitel der Einführung zurückverwiesen; alle im Text erwähnten Orts-, Landschafts- und Meeresnamen sind zudem in den Karten am Schluss des Bandes eingetragen. Mit dieser Art der Präsentation wird es möglich, den Text des zweiten Buchs der *Oikonomika* unmittelbar als lebendiges Zeugnis für die Antike zu verstehen und als historische Quelle zu nutzen. Hingegen liegt es selbstverständlich überhaupt nicht in der Absicht von Herausgeber und Verlag, heutige Politikerinnen und Politiker auf neue Ideen zur Steigerung der Staatseinnahmen zu bringen – und seien diese Tricks auch zweieinhalb Jahrtausende alt …

B *Oikonomika* zur Theorie

Das hier vorgestellte zweite Buch der unter dem Namen des Aristoteles überlieferten *Oikonomika* besteht aus zwei Hauptteilen. Deren erster (I 1–7) bietet eine knappe Übersicht über vier antike Wirtschaftsformen: die des persischen Großkönigs, die des Satrapen (also des jeweils für eine als »Satrapie« bezeichnete Region des Perserreiches zuständigen Statthalters; s. G), die der Polis (des für die klassische Antike typischen Stadtstaats) und die der Einzelperson. Was dann an arg oberflächlichen theoretischen Überlegungen folgt, gipfelt in der Maxime: »Ein Gesichtspunkt ist allen Wirtschaftsformen gemeinsam und darf deshalb nicht nebensächlich behandelt werden ..., dass nämlich die Ausgaben nicht größer als die Einnahmen werden dürfen« (I 6).

Allerdings ist die Flachheit der Argumentation für die Antike, in der die Wirtschaft kaum Gegenstand von Theoriebildung war, nichts Überraschendes, wie etwa der Wirtschaftshistoriker Moses I. Finley (1912–86) in seinem Buch *Die antike Wirtschaft* (1977, 13) festgehalten hat: »Was an diesem halben Dutzend Paragraphen bemerkenswert ist, ist nicht nur ihre vernichtende Banalität, sondern auch die Tatsache, dass sie in der gesamten überlieferten Literatur der Antike allein stehen.«

Die hier gebotene Übersicht über die Wirtschaftsformen passt dabei weder zu den anderen Büchern der *Oikonomika* noch zu der auf sie folgenden Zusammenstellung der 77 Tricks zur Steigerung der Staatseinnahmen. Dies machen schon sprachliche Differenzen deutlich: Den vom persischen Großkönig erhobenen Tribut (s. G) bezeichnet sie als *tage* (I 3), den zweiten Teil hingegen als *phoros* (II 13a, 25b, 33a, 35), und die Finanzierung von Sonderaufgaben durch eine Umlage, zu der alle Bürger beitragen müssen (s. R), erscheint hier als *enkyklia* (I 5), im zweiten Teil als *eisphora* (II 3d, 5, 13a, 13b, 20b, 20d, 20e, 25b, 29a,

29b, 30a, 33c). Auch inhaltlich mangelt es an Kohärenz: Beginnt der zweite Teil mit mehreren Exempeln für wirtschaftliche Maßnahmen, die von Tyrannen (s. **J**) durchgeführt werden, fehlt im ersten Teil jede Bezugnahme auf diese antike Herrschaftsform. Und auch sonst sind kaum sinnvolle inhaltliche Beziehungen der beiden Teile des Buchs zueinander erkennbar, so dass wir es wohl mit zwei unabhängig voneinander entstandenen Partien zu tun haben.

C *Oikonomika* zur Praxis

Der zweite, weitaus umfangreichere Teil des zweiten Buches der *Oikonomika* wird I 8 als Ergebnis von *historia*, von »Forschung« eingeführt – diesen Begriff verwendet bereits der »Vater der Geschichtsschreibung« Herodot (*Historien* 1,1) für seine Arbeit. Der Praxis-Teil des Buches bietet sodann eine Zusammenstellung von historischen Exempeln für eine erfolgreiche Steigerung von Staatseinnahmen. In den ersten 36 Kapiteln werden dabei zu jedem Beispiel Name und Ort des Urhebers genannt, oft auch der Anlass für die Notwendigkeit der Maßnahme; dann wird in jedem Fall der benutzte Trick selbst geschildert. Wiederholt wird dabei ein- und demselben Urheber mehr als eine Maßnahme zugeschrieben: Die 36 Kapitel sind deshalb bereits für 72 Tricks gut. Die letzten Kapitel, 37–41, bieten dann (ohne Wiederholung der zuvor bereits gemachten Detailangaben zu den Urhebern) Nachträge mit weiteren Tricks (nur in einem Fall, 40, ist dabei offenbar von einem zuvor nicht erwähnten Mann die Rede). Insgesamt lernen wir auf diese Weise also 77 Tricks zur Steigerung der Staatseinnahmen kennen.

Keiner davon lässt sich, wie wir sehen werden (s. **E**), in die Zeit *nach* dem Tod des Aristoteles datieren. Eine Autorschaft des Aristoteles wäre also zumindest für diesen zweiten Teil des Buchs von der Chronologie her möglich; dennoch ist sein Inhalt im Werk des Aristoteles ohne Parallele, was eine Zuweisung an den großen Philosophen selbst unwahrscheinlich macht (s. **A**). Nun fällt aber schon beim ersten Lesen auf, dass die Beispiele teils sehr knapp gehalten sind; in der Forschung hat man deshalb an ein Exzerpt aus einer einst umfangreicheren Schrift oder aber an eine Sammlung von noch rohen ›Arbeitsnotizen‹ gedacht. Solche Notizen kennen wir auch sonst aus dem *Peripatos*, der ›Schule‹ des Aristoteles im athenischen Bezirk *Lykeion*, da der Meister immer wieder zur Sammlung von Fakten aufgerufen hatte: »Man muss einmal die verstreuten Berichte darüber sammeln, wie es einzelnen geglückt ist, reich zu werden«, lesen wir etwa in Aristoteles' *Politik* (1,11 p. 1259a 3; vgl. *Rhetorik* 1,4 p. 1359b 23). Am bekanntesten sind die wohl auf einen ähnlichen Aufruf gründenden Zusammenstellungen antiker Verfassungen, von denen eine – die der Polis Athen – erst vor gut hundert Jahren durch einen Zufallsfund auf einem Papyrus aus Ägypten wiederentdeckt wurde. Man kann also durchaus annehmen, dass auch die 77 Tricks zur Steigerung der Staatseinnahmen in der ›Schule‹ des Aristoteles – und warum nicht für den Meister selbst – gesammelt worden sind.

D Zum Stand der Forschung

Besonders intensiv erforscht worden ist das zweite Buch der *Oikonomika* bisher nicht. Bereits im frühen 19. Jahrhundert hatte einer der Begründer der Altertumswissenschaft, Barthold Georg Niebuhr (1776–1831), das Buch als Werk »eines rohen und ungebildeten Verfassers« verdammt (1828, 414; als *idiot* bezeichnet ihn noch der bereits genannte Moses I. Finley 1970, 317). Erst zu Beginn des 20. Jahrhunderts sind dann (wohl wegen der Übereinstimmung des auf einer im Jahr 1900 erstmals publizierten ägyptischen Inschrift auf der sogenannten Naukratis-Stele Gesagten mit dem II 25a Berichteten) einige wenige Spezialuntersuchungen angefertigt worden, meist in Dissertationen. 1903 hatte die Philosophische Fakultät der Universität München als Preisaufgabe ausgelobt: »Die pseudoaristotelische Ökonomik soll interpretiert und die darin enthaltene Wirtschaftstheorie und Wirtschaftspolitik systematisch und geschichtlich erörtert werden.« Preisgekrönt wurde 1906 die Dissertation von Kurt Riezler (1882–1955; postum machten ihn, den Diplomaten, die sog. Riezler-Tagebücher als Zeugen für die Kriegsschuldfrage im Ersten Weltkrieg bekannt); auf dieselbe Preisaufgabe geht auch die Arbeit von Paul Schneider 1907 zurück. Die letzte ausführliche Untersuchung hat Bernhard Abraham van Groningen (1894–1987) in seiner Dissertation im Jahr 1933 publiziert, seither sind in der Forschung vor allem Einzelfragen erörtert worden. Überholt, insbesondere aber auch in der historischen Begrifflichkeit vielfach mangelhaft sind die einzigen bisher erschienenen deutschen Übersetzungen von 1856 und 1947. Eine seit langer Zeit angekündigte Neuübersetzung ist bislang nicht erschienen; eine griechisch-deutsche zweisprachige Ausgabe fehlt zudem völlig – und wird hier erstmals vorgelegt.

E Chronologische Anhaltspunkte

Wie die altertumswissenschaftliche Forschung gezeigt hat, sind einige der 77 Exempel ausschließlich in den *Oikonomika* belegt und erlauben deshalb keine genauere chronologische Fixierung; in einigen Fällen, die wir im Folgenden betrachten, wird aber durch andere antike Zeugnisse eine historische Einordnung möglich. Alle Daten beziehen sich auf die Zeit v. Chr.

In das ausgehende 7. Jahrhundert ist der Tyrann (s. u. J)

Kypselos von Korinthos (657–627) zu datieren (II 1), gut ein Jahrhundert später wirken der Tyrann Lygdamis von Naxos (um 540–524) und Hippias von Athen (II 2, 4), der mit seinem Bruder Hipparchos von 527 bis zu dessen Ermordung durch die »Tyrannenmörder« 514 über Athen herrscht. Das seither meist demokratisch verfasste Athen verfügt von 429 bis 405 und von 362 bis 351 über eine mit Bürgern bevölkerte Militärkolonie in Poteidaia (II 5).

In das späte 5. und frühe 4. Jahrhundert gehört Dionysios I. (II 20), von 405 bis 367 Herrscher über Syrakusai auf Sizilien; im Jahr 386 erobert er Rhegion (Reggio di Calabria; II 20g), 384 unternimmt er einen Feldzug gegen Tyrrhenien (Etrurien; II 20i).

In dieselbe Zeit sind die athenischen Politiker und Militärs Kallistratos (um 400 – 355) und Timotheos (um 400 – 354) zu datieren (II 22–23), deren Karrieren aus anderen Quellen gut bekannt sind. Bei Ersterem ist allerdings seine Tätigkeit in Makedonien sonst nicht bezeugt; sie gehört wohl in seine letzten Lebensjahre. Bei Timotheos lassen sich die angeführten Maßnahmen genauer einordnen: Die Einnahme von Kerkyra (II 23b) gehört in das Jahr 375, die von Samos (II 23c) in das Jahr 365, die von Olynthos (II 23a) bald danach.

Als Herrscher von Thrakien erscheint hier Kotys I. (II 26–27), von 383 bis 360 König der Odrysen, an dessen Hof sein Schwager, der Militärexperte Iphikrates von Athen (II 26), bis 374 und erneut in den späten 360er Jahren wirkt. In jener Zeit wird Kotys durch einen auch von seinem Schwiegersohn, dem Söldnerführer Charidemos von Oreos (II 30), unterstützten Feldzug trotz der Gegenwehr des Artabazos, des persischen Satrapen des hellespontischen Phrygien (vgl. II 30a), Herrscher über ganz Thrakien.

Mausolos von Karien (II 13), der aus der Stadt Mylasa stammende (II 13b) Satrap des persischen Großkönigs in Karien von 377 bis zu seinem Tod 352 (er wird dann in dem nach ihm benannten Mausoleum bestattet), ist in den späten 360er Jahren – wie Datames (384–362), der Satrap von Kappadokien (II 24) – am sogenannten »großen Satrapenaufstand« gegen den persischen Großkönig Artaxerxes II. (404–359) beteiligt. Mausolos erscheint hier nicht als Satrap, sondern als »Tyrann« (s. J) von Karien und als Herrscher nicht nur über dieses Gebiet, sondern auch über das östlich davon gelegene (und von ihm nach dem Satrapenaufstand eroberte) Lykien (II 14d). In dieselbe Zeit gehört der Zug des von dem Söldnerführer Chabrias von Athen unterstützten ägyptischen Königs Taos (Teos, Tachos; 362–360) gegen das Perserreich (II 25, 37; die II 25a berichtete Maßnahme wird von den Angaben auf der sogenannten Naukratis-Stele bestätigt; s. D).

Als Beteiligter an einem ›kleinen‹ Aufstand gegen Artaxerxes III. (359–338) um 353 ist der eben schon genannte Satrap Artabazos bekannt, der von den Söldnerführern Mentor und Memnon von Athen, zwei Brüdern (II 28–29), unterstützte Satrap des hellespontischen Phrygien. Das den Brüdern aus Dankbarkeit verliehene Lehen am Hellespont, zu dem Lampsakos (II 29) gehört, erscheint auch nach der Begnadigung durch den Großkönig und dem Seitenwechsel zu ihm noch im Besitz der Brüder. Im Auftrag des Großkönigs Artaxerxes III., der 343 Ägypten zurückerobert und nun für den Tyrannen von Atarneus und Assos in Nordwestkleinasien, Hermeias (auch Hermias geschrieben), zur Bedrohung wird, setzt Mentor ein oder zwei Jahre später eben jenen Hermeias gefangen (II 28; Hermeias' Nichte war übrigens die Ehefrau des Philosophen Aristoteles).

Weitere chronologische Anhaltspunkte ergeben sich aus zwei auch sonst bezeugten Ereignissen, vor bzw. nach denen eine in den *Oikonomika* genannte Maßnahme zu datieren ist: die Zerstörung von Olynthos im Jahr 348 ist *terminus ante quem* für das, was über die Bürger von Mende (II 21) und über den athenischen Söldnerführer Ti-

motheos (II 23; s. o.) gesagt wird, der Brand des Artemis-
Tempels von Ephesos nach der Brandstiftung des Hero-
stratos (der sprichwörtlich gewordenen »herostratischen
Tat« im Jahr 356 der *terminus post quem* für das über
Ephesos Angegebene (II 19).

In das Umfeld Alexandros' des Großen gehören
schließlich ein als Satrap von Karien sonst nicht belegter
»gewisser« Philoxenos (II 31) und der auch in anderen
Quellen als Beauftragter des Alexandros bezeugte Kleomenes (II 33). Das wohl jüngste datierbare Ereignis ist die
von Alexandros dem Großen 324 angeordnete Rückkehr
der Bürger von Samos auf ihre Heimatinsel (II 9).

Alle anderen Maßnahmen, die über bestimmte Poleis –
Byzantion (II 3), Lampsakos, Herakleia, Samos, Chalkedon, Kyzikos und Chios (II 7–12), Klazomenai, Selymbria
(auch Selybria geschrieben) und Abydos (II 16–18) – oder
bestimmte Akteure – Sosipolis (II 6), Aristoteles von Rhodos (II 15), Euaises (II 32), Antimenes, Ophellas, Pythokles (II 34–36) und Stabelbios (II 40) – berichtet werden,
sind hingegen sonst nicht belegt und können deshalb nicht
historisch verortet werden.

Die ›Ausbeute‹ zur genauen chronologischen Einordnung der Exempel ist also recht gering. Zudem sind die
einzelnen Exempel nicht streng chronologisch geordnet
(dies offenbart die eben gebotene Übersicht über die da-
tierbaren Ereignisse ebenso wie etwa die Abfolge der in
II 23 von Timotheos berichteten Einzelmaßnahmen).
Festzuhalten ist, dass der Schwerpunkt der wiedergegebe-
nen Exempel im 4. Jahrhundert liegt, also in der Zeit, die
Autor und Publikum der Sammlung zur Entstehungszeit
wohl noch in lebendiger Erinnerung hatten, und dass sich
keiner der 77 Tricks in die Zeit *nach* dem Tod des Aristoteles 322 datieren lässt.

Die einzelnen ›Mosaiksteinchen‹ sind dabei oft für die
jeweilige Satrapie oder Polis kaum aussagekräftig. Versuchen wir aber einmal, nicht die Farbkraft dieser einzelnen

›Steinchen‹ zu beurteilen, sondern das daraus geformte
Gesamtbild zu betrachten, so ergibt sich ein buntes Pan-
orama der Mittelmeerwelt, mit der wir uns in den folgenden Kapiteln vertraut machen wollen.

F Perserreich und Polis-Welt

Der Text führt uns vor allem in die östliche Mittelmeerwelt der klassischen Zeit und des 4. Jahrhunderts. Im Zentrum der Betrachtungen stehen einerseits das Perserreich,
das vom »Großkönig« (dem »König der Könige«; s. **G**)
und den ihm unterstehenden Satrapen beherrscht wird
und das zu jener Zeit nicht nur das persische Kernland,
sondern auch große Teile Kleinasiens sowie (von 525 bis
404 und erneut von 343 bis zur Eroberung des Perserreichs durch Alexandros den Großen 332) Ägypten um-
fasst, andererseits die Welt der griechischen Poleis, der
selbständigen, als Verband von Einzelpersonen verfassten
(s. **I**) Stadtstaaten an den Küsten der Ägäis, aber auch im
Nordosten am Schwarzen Meer und im Westen (Syrakusai).

Zum Perserreich und dem diesem nachfolgenden Reich
Alexandros' des Großen gehören dem Text zufolge Babylon (II 34a), Syrien (II 32) und Ägypten (II 25, 32, 33);
hier hören wir von dem an der Spitze des Nildeltas gelege-
nen Gau Athribes (II 35) sowie von dem westlichsten Nil-
arm Kanobos, von dem neu gegründeten Alexandreia und
von der diesem vorgelagerten Insel Pharos (II 33c).

Weit detailreicher sind die Bezugnahmen auf die Polis-
Welt: Im Einzelnen hören wir von den großen griechischen Poleis Athen in Attika (II 4, 5, 22, 23, 25, 26, 36)
mit den Bergwerken in Laurion (II 36) sowie von Lakedaimon (Sparta, II 9) und von Korinthos (II 1) auf der Pe-
loponnes. Die Inseln Kerkyra (Korfu, II 23) im Westen
und Euboia mit dem Ort Oreos (II 30) im Osten des grie-

chischen Festlands werden ebenso erwähnt wie die Poleis Olynthos (II 23a, 35; s. E), Poteidaia (auch Potidaia geschrieben; II 5; s. E) und Mende (II 21) auf der Halbinsel Chalkidike in der Nordwest-Ägäis, die im 4. Jahrhundert zunehmend unter den Einfluss Makedoniens gerät (II 22, 31). An Inseln in der Ägäis erscheinen im Text Naxos (II 2), Chios (II 12), Lesbos mit dem Ort Antissa (II 6), Samos (II 9, 23) und Rhodos (II 15, 28, 29, 34). Auf dem westkleinasiatischen Festland werden indirekt die von Hermeias (s. E) beherrschten Poleis Assos und Atarneus, direkt die küstennahen Poleis Phokaia (II 15), Klazomenai (II 16) und Ephesos (II 19, s. E) sowie das im Binnenland Kariens gelegene Mylasa (II 13b) genannt, außer Karien (II 13, 31) auch noch indirekt das hellespontische Phrygien (die Satrapie des Artabazos; s. E) und Kappadokien (die Satrapie des Datames; s. E) sowie direkt die Landschaften Aiolis und Mysien im Norden (II 30, 40) und Lykien im Süden (II 14) Westkleinasiens.

In der Region der Meerengen zwischen Ägäis und Pontos (Schwarzes Meer, II 3c, 10) werden gleich sieben Poleis angeführt: Abydos (II 8), Lampsakos (II 29a), Kyzikos (II 11) und Chalkedon (II 10) auf der kleinasiatischen Seite, Perinthos (II 27), Selymbria (II 17) und Byzantion (II 3) auf der thrakischen Seite der Meerengen; mit Thrakien (II 27) wird hier das erweiterte Reich des Kotys bezeichnet (s. E).

Am Schwarzen Meer selbst hören wir von Herakleia Pontike (II 8) und Amisos (II 24) am Südufer und von den Tyrannen am Bosporos (der Straße von Kertsch bei der Krim) am Nordufer (II 8). Im fernen Westen der Polis-Welt werden nur Syrakusai (Siracuse, Syrakus), Rhegion (Reggio di Calabria) und Tyrrhenien (Etrurien) erwähnt (II 20).

Alle im Text genannten Orte, Regionen und Meeresteile sind auf den Karten im Anhang verzeichnet.

G Der Großkönig und seine Satrapen

Der persische Großkönig (I 2–3, II 13a, 13b, 14d) – wie auch sein Rechtsnachfolger Alexandros der Große (s. H) – beherrscht das riesige Perserreich durch ihm untergeordnete Satrapen (I 2–4, 7, II 24a, 30a, 31, 32, 33a, 34a, 34b, 38), deren Satrapien durch die (schon von Herodot, *Historien* 5,52 ff. bewunderten) »Königsstraßen« (II 14b, 38) mit dem Zentrum des Reiches verbunden sind. Die Satrapen schulden dem Großkönig einen Tribut (*tage* I 3, *phoros* II 13a, 25b, 33a, 35; s. B), den sie ihrerseits in ihrer Satrapie durch (auch außerhalb des Perserreichs belegte) Beauftragte – ›Finanzminister‹ (*epimeletai* ›Besorger‹) – eintreiben lassen (II 28, 35); speziell in Ägypten können sie dabei auf die Einteilung in ›Bezirke‹ (*nomoi* II 33b, 35) zurückgreifen, die ›Bezirksverwaltern‹ (*nomarchoi* ›Bezirks-Herrscher‹ II 25b, 32, 33a, 35) unterstehen. Dem Satrapen direkt unterstellt ist der *hyparchos* (›Unter-Herrscher‹ II 14a).

H Konflikte mit dem Großkönig

Unterbleibt die Tributzahlung, droht der Großkönig mit militärischen Maßnahmen (II 13a). Gegen die Oberherrschaft des Großkönigs (oder seines Nachfolgers, Alexandros' des Großen) wenden sich wohl deshalb immer wieder einmal Satrapen, so etwa Mausolos in Karien oder Datames in Kappadokien (s. E), wenn auch ohne dauerhaften Erfolg. Alexandros der Große (336–323) besiegt den letzten persischen Großkönig und übernimmt dessen Reich samt der Verwaltung; deshalb erscheinen II 31–34 und 38 Satrapen des Alexandros. Auch sind – gleichsam eine Hierarchie-Ebene tiefer – Erhebungen gegen Satrapen belegt, so II 32 in Ägypten durch die Bezirksverwalter (*nomarchoi*; s. G).

I Die Polis und ihre Bürger

Die Welt der griechischen Poleis hingegen ist durch die
Autonomie der einzelnen ›Stadtstaaten‹ mit je eigenem
Münzgeld (s. **P**) und eigener ›Außenpolitik‹ gekennzeichnet. Da – anders als im Perserreich – keine Zentralgewalt
besteht und Konflikte zwischen Poleis auch nicht durch
ein ›internationales‹ Gericht gelöst werden können, werden Konflikte mit dem Mitglied einer anderen Polis u. a.
durch Pfandnahme an einem Landsmann des Beschuldig-
ten gelöst, dessen Freigabe nur bei einer befriedigenden
Lösung des Konflikts erfolgt (II 10).

Jede Polis ist nämlich ein ›Personenverband‹, besteht
also aus Einzelpersonen, ihren Bürgern (II 3, 7–12, 16–19);
das Bürgerrecht erwirbt man in der Regel durch Geburt
(II 3b). Die Grundeinheit der Bürgerschaft ist die Familie
(das ›Haus‹, *oikos*: II 32) mit ihrem Familienbesitz (II 4a);
Waisen können erst bei Volljährigkeit Haushaltsvorstand
werden (II 20f.).

Gegliedert ist die Bürgerschaft beispielsweise in Athen
in einzelne *phylai* (›Stämme‹; II 4c) und *demoi* (›Wohn-
bezirke‹; II 5), sie organisiert sich aber auch in Familien-
verbänden und Kultvereinen (II 3a). Als politische Gemeinde kommen die Bürger in Versammlungen zusammen (II 13b, 20a, 20b, 20c, 20g, 23b, 24a). Neben den
Bürgern wohnen in der Polis auch Fremde ohne Bürgerrecht (in Athen Metöken, ›Mitwohner‹, gennant), denen
kein Immobilieneigentum (II 3d), aber – wie Ortsfremden
(II 20g) – das Handeltreiben (II 10) und Geldverleihen
gestattet ist (II 18), außerdem eine Vielzahl von Sklaven
(II 21b).

Die Polis insgesamt hat nicht nur gemeindeeigenen
Grund (II 3a), sondern auch gemeinschaftliche Einrich-
tungen wie eine Agora (Markt- und Versammlungsplatz)
und ein Gymnasion (Sport- und Bildungsstätte; II 3a),
mehrere Tempel (s. **K**) und oft auch einen Hafen (II 3a,

21a); speziell Athen besitzt die Bergwerke in Laurion (II 36). Manche Poleis verfügen zudem eine Zeit lang über Außenbesitzungen (II 27), so Athen über Poteidaia (II 5; s. E).

J Konflikte innerhalb der Polis

Konflikte zwischen den Bürgern der Polis sucht man durch Prozesse zu lösen, bei denen zur Vermeidung von Missbrauch der Gerichte der Kläger eine Einlage hinterlegen muss, die dem Gericht verbleibt (der erfolgreiche Kläger kann sie sich ja vom Beklagten erstatten lassen); bei außergerichtlichen Schlichtungen verbleibt das verhängte Bußgeld zumindest teilweise beim Schlichter (II 15b).

Trotz Gerichtsprozessen und Schlichtungen eskalieren manche Konflikte in den Poleis zum Bürgerkrieg zwischen einzelnen Parteiungen (II 11, 15a, 18), meist die der reichen Aristokraten gegen die des einfachen Volks (*demos*: II 11). Die Unterlegenen müssen damit rechnen, hingerichtet (II 11) oder vertrieben zu werden (II 2, 9, 12) und dabei das Eigentum durch Beschlagnahme zu verlieren (II 2, 11, 18); sie werden freilich ihre Rückkehr zu betreiben versuchen (II 9). Wiederholt führt ein Bürgerkrieg zur Etablierung eines Tyrannen, der mit absoluter Macht auch gegen den Willen der Bürgerschaft herrscht (II 1, 2, 4, 6, 8, 20, vgl. 13a); anschaulich macht dies der (nur) hier beschriebene Aufstieg des Aristoteles von Rhodos zum Tyrannen (II 15a).

K Religion in der Polis

Ein einigendes Band der Bürgerschaft in der Polis ist die Religion: Im Tempel (II 19b, 20a) werden in der griechischen Welt die olympischen Götter – etwa der Götter-

vater Zeus (II 1), Athene (II 4d) und Artemis (II 19b) –
verehrt, im Traum kann Demeter (II 20a) erscheinen; in
Tyrrhenien (Etrurien) steht ein Tempel der Meeresgöttin
Leukothea (II 20i). Den Gottheiten leistet man Gelübde
und bringt man eigens angefertigte (II 2) Weihegaben dar
(II 1, 19, 20i, 24a, 41), ihnen bereitet man Opferschlachtungen (II 20e), aber auch einfache Trankopfer, so auch
für Agathos Daimon, den »guten Dämon« (II 41). Nicht
zuletzt führt man für sie mit großem Aufwand Feste
durch – so für Dionysos die Dionysien (II 6, 31) – und finanziert (als ›Liturgie‹, s. R) Chöre, die, oft von einem *aulos*-Spieler (auf dem *aulos* genannten oboenartigen Instru-
ment) begleitet (II 41), bei den Festen auftreten (II 4c, 31).

L Religion in Ägypten

Speziell an der Religion Ägyptens fasziniert die klassische
Antike seit Herodot (*Historien* 2,37 ff.) die Vielzahl der
Heiligtümer und der Priesterstellen (II 25a, 33c, 33f – dass
die gleiche Maßnahme zweimal erscheint, muss dabei
nicht eine Folge mangelnder Sorgfalt sein, sondern kann
auf zwei unabhängige Traditionen zurückgehen), aber
auch die Verehrung von tiergestaltigen Göttern wie den
Krokodilen (II 33b).

M Landwirtschaft

Lebensgrundlage sind landwirtschaftliche Produkte: Getreide (II 8) und Mehl (II 7), speziell Gerste und Weizen (II 4d), Olivenöl (II 7, 8, 16c) und Wein (II 7, 8), aber
auch Vieh (II 20c), nämlich Schafe, Schweine und Kälber
(II 14a). Getreide muss – etwa aus dem Pontos, dem
Schwarzmeer-Gebiet (s. F) – in großer Menge in die Ägä-
iswelt importiert werden (II 3c, 10), woraus sich die be-

sondere strategische Bedeutung der Poleis und Satrapien an den Dardanellen, am Marmarameer und am Bosporos erklärt (s. F). Die Versorgung ist oft prekär, Nahrungsmittelmangel und gar Hungersnöte drohen immer wieder (s. U).

N Handel und Gewerbe

Die von den Erzeugern produzierte Ware (II 33e) wird zunächst von (Groß-)Händlern (*emporoi*: 3c, 8, 23a, 33e) an Handelsplätzen (*emporia*: I 4, 5; II 16a, 26, 33c) gehandelt, dann von Kaufleuten (*agoraioi*: II 23a; zu *agora* s. I) im Einzelhandel (II 3a, 8) an die Verbraucher verkauft. Für Söldner muss der Auftraggeber zusätzlich zum Sold die Verpflegung stellen (s. T); weitere Waren werden den Soldaten von Kaufleuten (denen die neuzeitlichen Marketender gleichkommen) verkauft (II 8, 24b).

Händler und Kaufleute machen nur einen Teil des Gewerbes in den Poleis aus; wir hören auch von spezialisierten Einzelhandelsplätzen (etwa zum Verkauf von Fisch und Salz), aber auch von Wundertätern, Magiern, Arznei-Händlern »und anderen Leuten dieser Art« und nicht zuletzt von Geldwechslern, die auf ihrem Tisch (*trapeza* – noch heute das griechische Wort für »Bank«) fremde Münzen in die der eigenen Polis tauschen (II 3a).

O Maße

Nicht nur die Münzsysteme, sondern auch deren Grundlage – Maße und Gewichte – sind in der Welt, die uns im Text begegnet, uneinheitlich. Getreide wird in den Maßeinheiten *choinix* (wohl gut 1 Liter) und – je nach Maßsystem – deren Vielfachem *medimnos* (›Scheffel‹, 48 *choinikes*) bzw. im Perserreich *artabe* (51 *choinikes*) gemessen

(II 4d, 7, 23c, 25b, 26), Flüssigkeiten in *chous* (›Kanne‹, wohl 3 ¼ Liter: II 8) und *metretes* (›Maßkrug‹ aus 12 *choes*: II 23c).

P Münzgeld

·Jede Polis hat grundsätzlich ihr eigenes Münzgeld und Münzsystem (weshalb Geldwechsler erforderlich sind; s. **N**). Grundlage des Münzsystems ist meist die Drachme (II 7, 14c, 20h, 33e, 34b, 36), die aus sechs Obolen besteht (II 4d, 25a); zwei Drachmen bilden einen Stater (II 20b), hundert eine Mine (*mna*: II 3b, 5, 20g) und sechstausend (also sechzig Minen) ein Talent (*talanton*: II 16b, 22). In der Regel entspricht der »Nennwert« der Münze dem tatsächlichen, durch Gewicht und Feingehalt bestimmten Wert des Metallstücks; um dies zu garantieren, wird das Edelmetall mit einem Münzstempel der Polis geprägt (II 24a). Eine große Differenz zwischen durch die Prägung garantiertem Nennwert und tatsächlichem Metallwert gilt als Notmaßnahme oder ›Trick‹ (II 4b, 16b, 20c, 20h, 23a). Übrigens ist eine Umrechnung in moderne Währungen angesichts der Vielzahl antiker Münzsysteme und angesichts der Unübertragbarkeit antiker Verhältnisse auf unsere Zeit nicht sinnvoll. Und welchen Wert sollten wir etwa dem »Goldschmuck der Frauen« zumessen (II 19, 20a)?

Q Regelmäßige Einnahmen der Polis

Während sich der Großkönig und seine Satrapen über Tribute mit Geld versorgen (s. **G**), haben die Poleis kaum regelmäßige Einnahmen – allein Athen verfügt mit seinen Bergwerken in Laurion (s. **I**), in denen Silber und Blei gefördert werden, über hohe kalkulierbare Einkünfte (II 36).

Sicher kann eine Polis sonst nur auf Zollabgaben bei der Einfuhr und der Ausfuhr von Waren zählen (II 33a, 34a), sicher auch auf Wegezoll (I 5), etwa beim Durchgang durch ein Stadttor (II 14c) und – so vorhanden – bei der Hafennutzung (II 22). Kopf- oder Gewerbesteuern (I 4, II 3a, 25a) und Ertragsabgaben (I 4, II 14a, 14b) sind hingegen nur recht selten belegt, ebenso selten eine Abgabe auf Haus- und Grundbesitz (II 21a, 25a).

Die Eintreibung dieser Abgaben verpachtet die Polis (oder der jeweilige Machthaber) in der Regel an den Meistbietenden, der die erwarteten Einnahmen im Voraus stellen muss und dann selbst einzuziehen hat (so II 14b eine Ertragsabgabe); solange dabei die Zahl der Bieter (etwa durch den Zwang, Bürgen stellen zu müssen) beschränkt ist, kann es zu einer Art ›Kartell‹ der Bieter und damit für die Polis zu geringeren Einnahmen aus der Pacht kommen, als dies sonst möglich wäre (II 22).

R Sondereinnahmen der Polis

Spezielle Aufgaben für das Gemeinwesen – etwa die Ausrüstung einer Triëre (s. T) oder des militärischen Aufgebots einer *phyle* (s. I) oder auch als *choregos* (noch heute das griechische Wort für »Sponsor«) eines Chores für Götterfeste (II 4c, 31; s. K) – übernehmen wohlhabende Bürger aus ihren Privatmitteln in einer sogenannten Liturgie (*leitourgia* ›Dienst für die Gemeinde‹, II 4c, 31), andere besondere Aufgaben werden meist durch das Aufbringen einer Umlage finanziert, zu der alle Bürger gleichermaßen oder nach Leistungsfähigkeit beizutragen haben (*enkyklia* I 5; *eisphora* und Ableitungen davon II 5, 13a, 13b, 20b, 20d, 20e, 25b, 29a, 29b, 30a, 33c; s. B). Gelegentlich ist eine Aufbesserung der Polis-Finanzen durch den Verkauf von Kriegsgefangenen in die Sklaverei und durch Kriegsbeute möglich (II 20g, 20i, 23a).

S Kriegsangst und Versicherung

Die Welt, die wir in dieser Schrift kennen lernen, ist keineswegs friedlich: Die Menschen haben Angst, sie verstecken Waffen (II 30b), Geld und Wertsachen (II 20g, 28, 30a). Große Werte finden sich vor allem unter dem Schutz der Götter als Weihegaben in Tempeln und Heiligtümern (s. K), wo sie allenfalls von skrupellosen Machthabern geraubt werden (II 20a, 20i, 24a, 41). Bei Sklaven schließlich, die ja auch zu den Wertsachen ihrer Herren gehören, muss mit deren Flucht gerechnet werden. In diesem Zusammenhang erwähnt unser Text (übrigens erstmals für die klassische Antike) eine Art ›staatliche Eigentumsversicherung‹ (II 34b).

T Söldner und Triëren

Als Soldaten werden im 4. Jahrhundert allseits Söldner eingesetzt, die jeweils von einem Söldnerführer angeführt werden (II 14c, 16b, 40a) und gegen die Zahlung von Sold an den Söldnerführer (der für die Verteilung an die Soldaten sorgt) und die Bereitstellung von Verpflegung gemietet werden können (II 8, 14c, 23b, 24a, 29c, 29d, 39, 40). Unterbleibt die Zahlung, droht der Seitenwechsel der Söldner (II 23b); umgekehrt locken Erfolg versprechende Einsätze von Söldnern auch Nachzügler an (II 23c). Es sind diese mobilen Söldnerheere, die den Aufstieg von Machthabern neuer Art begünstigen, welche den frühneuzeitlichen »Condottieri« ähneln und in der Forschung deshalb auch so bezeichnet werden (II 22, 23, 25–30). Innerhalb der Söldnerheere werden führende Positionen von den *taxiarchoi* und den *lochagoi* (Anführer einer Gruppe und einer Abteilung) eingenommen (II 23c); auch der *hemiolios* (»Anderthalbfache«, wohl weil er entsprechend mehr Sold als ein einfacher Soldat erhielt) gehört offenbar in diese herausgehobene Gruppe (II 34a). Neben den eigentlichen Soldaten gibt es im Heer auch Handwerker und Kleinhändler (II 8, 24b) sowie Sklaven (II 34b).

Als Kriegsschiffe werden Triëren eingesetzt; der Begriff bedeutet ›Dreiruderer‹ und bezieht sich auf die drei übereinander angeordneten Reihen von Rudern, die den Schiffen besondere Geschwindigkeit und Wendigkeit sichern (II 4c, 7, 20b, vgl. 37).

U Die Steigerung der Staatseinnahmen

Wie unruhig die Welt ist, die uns das Buch vor Augen führt, zeigt sich insbesondere in den Gründen für die Anwendung der ›Tricks‹ zur Steigerung der Staatseinnahmen (dass diese Übersetzung von *techne*, eigentlich ›Kunst‹ und ›Kunstgriff‹, den Sinn trifft, legt etwa II 24a nahe). Zwar werden diese Gründe nicht in allen Fällen angeführt, doch wo sie erwähnt werden, hören wir nicht nur von den Tributforderungen des Großkönigs (II 13a), von Nahrungsmittelmangel (II 3c, 16a) und Hungersnot (II 17, 33a), speziell nach einem Bürgerkrieg (II 18), von einem Gelübde zum Erringen einer Tyrannis (II 1) und von der Heimkehr von Vertriebenen (II 9), sondern vor allem von Angriffen, derer man sich zu erwehren sucht (II 7, 13b, 30a), von Kriegen, die man führen muss (II 5, 8, 21b, 23a, 25a), vom Bau von Triëren (s. T; II 20b) und von der Anwerbung von Söldnern (II 26, 27, 37), besonders häufig aber davon, dass man den Sold nicht mehr zahlen kann (II 8, 10, 11, 16b, 23b, 23c, 24a, 40a) und also ohne eine Erhöhung der Staatseinnahmen befürchten muss, dass diese Söldner die Seite wechseln (II 23b).

V Von der *aporia* zur *euporia*

Das häufigste Wortfeld in dem Buch aber führt uns zurück in die Grundbefindlichkeit der Zeit, in die es gehört: »Mit welchen Maßnahmen manche in früherer Zeit den Weg zum Geld beschritten haben«, soll dargestellt werden (I 8); der hier mit ›Weg‹ übersetzte Begriff ist *poros*, und zwei damit verbundene Begriffe erscheinen immer und immer wieder im Text, der das Wortfeld *euporos* (II 7, 12, 13a, 16b, 20g, 22, 23b, 23c, 26, 30a, 31) von dem Wortfeld *aporos* (II 3c, 18, 15a, 16a, 20c, 20d, 20g, 23a, 23b, 24a) scheidet. Wörtlich heißt *eu-poros* ›einen guten Weg habend‹ – wer *euporos* ist, dem stehen alle Wege offen, denn er ist wohlhabend; *a-poros* hingegen heißt das Gegenteil, ›keinen Weg habend‹; wer *aporos* ist, der leidet Mangel. Beides kann Einzelpersonen ebenso wie Staaten ereilen – und es ist das Anliegen des Autors, Staaten den Weg vom *aporos* zum *euporos* zu zeigen, indem er die »77 Tricks zur Steigerung der Staatseinnahmen« zusammenstellt.

ΟΙΚΟΝΟΜΙΚΩΝ ΔΕΥΤΕΡΟΣ

Oikonomika, Zweites Buch

1 [1345b] τὸν οἰκονομεῖν μέλλοντά τι κατὰ τρόπον τῶν τε τόπων, περὶ οὓς ἂν πραγματεύηται, μὴ ἀπείρως ἔχειν, καὶ τῇ φύσει εὐφυῆ εἶναι καὶ τῇ προαιρέσει φιλόπονόν τε καὶ δίκαιον· ὅ τι γὰρ ἂν ἀπῇ τούτων τῶν μερῶν, πολλὰ διαμαρτήσεται περὶ τὴν πραγματείαν ἣν μεταχειρίζεται.

2 οἰκονομίαι δέ εἰσι τέτταρες, ὡς ἐν τύπῳ διελέσθαι – τὰς γὰρ ἄλλας εἰς τοῦτο ἐμπιπτούσας εὑρήσομεν –· βασιλική, σατραπική, πολιτική, ἰδιωτική. τούτων δὲ μεγίστη μὲν καὶ ἁπλουστάτη ἡ βασιλική, ⟨μεγίστη δὲ καὶ χαλεπωτάτη ἡ σατραπική⟩, ποικιλωτάτη δὲ καὶ ῥᾴστη ἡ πολιτική, ἐλαχίστη δὲ καὶ ποικιλωτάτη ἡ ἰδιωτική. ἐπικοινωνεῖν μὲν τὰ πολλὰ ἀλλήλαις ἀναγκαῖόν ἐστιν· ὅσα δὲ μάλιστα δι᾽ αὐτῶν ἑκάστῃ συμβαίνει, ταῦτα ἐπισκεπτέον ἡμῖν ἐστιν. **3** πρῶτον μὲν τοίνυν τὴν βασιλικὴν ἴδωμεν. ἔστι δὲ αὕτη δυναμένη μὲν τὸ καθόλου, εἴδη δὲ ἔχουσα τέτταρα· περὶ ⟨τὸ⟩ νόμισμα, περὶ τὰ ἐξαγώγιμα, περὶ τὰ εἰσαγώγιμα, περὶ τὰ ἀναλώματα. τούτων δὲ ἕκαστον. περὶ μὲν τὸ νόμισμα λέγω ποῖον καὶ πότε [τίμιον ἢ εὔωνον] ποιητέον· περὶ δὲ τὰ ἐξαγώγιμα καὶ εἰσαγώγιμα πότε καὶ τίνα παρὰ τῶν σατραπῶν ἐν τῇ ταγῇ ἐκλαβόντι αὐτῷ λυσιτελήσει διατίθεσθαι· περὶ δὲ τὰ ἀναλώματα τίνα περιαιρετέον καὶ πότε, καὶ πότερον δοτέον νόμισμα εἰς τὰς δαπάνας ἢ ἀντὶ νομίσματος ὤνια. **4** δεύτερον δὲ τὴν σατραπικήν. ἔστι δὲ ταύτης εἴδη ἓξ τῶν προσόδων [ἀπὸ γῆς, ἀπὸ τῶν ἐν τῇ χώρᾳ ἰδίων γινομένων, ἀπὸ ἐμπόρων, ἀπὸ τελῶν, ἀπὸ βοσκημάτων,

Theorie

I 1 Wer nach der rechten Art Wirtschaft betreiben will, muss mit der Gegend vertraut sein, in der er sich betätigt, muss von tüchtiger Veranlagung und in seiner Planung fleißig und gerecht sein. Wenn ihm einer dieser Teile fehlt, wird er viel Misserfolg haben bei der Betätigung, die er in die Hand nimmt.

2 Wirtschaftsformen gibt es vier, um sie in ihrem Typos kurz zu umreißen – dass die anderen alle in dieses Schema einzuordnen sind, wird man finden –: die des (persischen) Großkönigs^G, die des Satrapen^G, die der Polis^I und die der Einzelperson^I. Von diesen ist die größte und einfachste die des Großkönigs, ⟨die größte und die schwierigste die des Satrapen,⟩ die vielgestaltigste und leichteste die der Polis, die kleinste und vielgestaltigste die der Einzelperson. Sie müssen notwendigerweise in vielen Bereichen Gemeinsamkeiten haben; was jeder einzelnen von ihnen am ehesten zukommt, das haben wir zu betrachten.

3 Zuerst wollen wir uns die Wirtschaftsform des Großkönigs^G ansehen. Diese besitzt die umfassendste Machtbefugnis, und sie hat vier Erscheinungsformen: Sie ist mit Geld, mit Ausfuhr, mit Einfuhr und mit Aufwendungen befasst. Dazu jeweils Folgendes: In Bezug auf das Geld meine ich, wie und wann man agieren soll; in Bezug auf die Ausfuhr und Einfuhr, wann und was (der Großkönig) von den Satrapen in dem Tribut^G sich zur eigenen Nutznießung ausbedingen soll; in Bezug auf die Aufwendungen, welche und wann sie ausgesetzt werden und ob für die Ausgaben Geld zu verwenden sind oder anstelle von Geld Marktwaren.

4 Zweitens die Wirtschaftsform des Satrapen^G: Es sind dieser sechs Erscheinungsformen von Einkünften zu ei-

ἀπὸ τῶν ἄλλων]. αὐτῶν δὲ τούτων πρώτη μὲν καὶ
κρατίστη ἡ ἀπὸ τῆς γῆς· αὕτη δέ ἐστιν ἣν οἱ μὲν ἐκφόριον,
οἱ δὲ δεκάτην προσαγορεύουσιν. δευτέρα δὲ ἡ ἀπὸ τῶν
ἰδίων γινομένη, οὗ μὲν χρυσίον, οὗ δὲ ἀργύριον, οὗ δὲ
χαλκός, οὗ δὲ ὁπόσα δύναται γίνεσθαι. τρίτη δὲ καὶ ἡ
ἀπὸ [1346a] τῶν ἐμπορίων. τετάρτη δὲ καὶ ἡ ἀπὸ τῶν
κατὰ γῆν τε καὶ ἀγοραίων τελῶν γινομένη. πέμπτη δὲ ἡ
ἀπὸ τῶν βοσκημάτων, ἐπικαρπία τε καὶ δεκάτη καλου-
μένη. ἕκτη δὲ ἡ ἀπὸ τῶν ἀνθρώπων, ἐπικεφάλαιόν τε καὶ
χειρωνάξιον προσαγορευομένη.
5 τρίτον δὲ τὴν πολιτικήν. ταύτης δὲ κρατίστη μὲν πρόσοδος ἡ ἀπὸ τῶν ἰδίων ἐν τῇ χώρᾳ γινομένη. εἶτα ἡ ἀπὸ τῶν
ἐμπορίων καὶ διαγωγῶν. εἶτα ἡ ἀπὸ τῶν ἐγκυκλίων.
6 τέταρτον δὲ καὶ τελευταῖον τὴν ἰδιωτικήν. αὕτη δέ
ἐστιν ἀνώμαλος μὲν διὰ τὸ δεῖν μὴ πρὸς ἕνα σκοπὸν
οἰκονομεῖν, ἐλαχίστη δὲ διὰ τὸ καὶ τὰς προσόδους καὶ τὰ
ἀναλώματα βραχέα γίνεσθαι. αὐτῆς δὲ ταύτης κρατίστη
μὲν πρόσοδος ἡ ἀπὸ γῆς γινομένη. δευτέρα δὲ ἡ ἀπὸ τῶν
ἄλλων κτημάτων. τρίτη δὲ ἡ ἀπὸ ἀργυρίου.
χωρὶς δὲ τούτων ὃ πάσαις μὲν ἐπικοινωνεῖται ταῖς οἰκο-
νομίαις – καὶ προσήκει σκοπεῖν αὐτὸ μὴ παρέργως –,
μάλιστα δὲ ταύτῃ, τὸ τἀναλώματα μὴ μείζω τῶν προσόδων γίνεσθαι.

7 ἐπεὶ τοίνυν τὰς διαιρέσεις εἰρήκαμεν, μετὰ τοῦτο πάλιν
νοητέον ἡμῖν ἡ σατραπεία, περὶ ἣν ἂν πραγματευώμεθα,
ἢ πόλις, πότερον ἃ πάντα ἄρτι διειλόμεθα ἢ τὰ μέγιστα
τούτων δυνατὴ φέρειν ἐστί· ⟨εἰ δ' ἐστί,⟩ τούτοις χρηστέον.
μετὰ δὲ τοῦτο ποῖαι τῶν προσόδων ἢ τὸ παράπαν οὐκ

gen. Von diesen ist die erste und wichtigste Art die aus dem Grund und Boden; dies ist diejenige, die manche als »Tributleistung«, andere als »Zehnten« bezeichnen. Die zweite ist die aus den besonderen Bodenschätzen, seien dies Gold, Silber oder Kupfer oder was immer sich gewinnen lässt. Die dritte ist die aus den Handelsplätzen[N], die vierte die aus den Markterträgen der Landwirtschaft, die fünfte die aus der Viehhaltung, die man »Ertragsabgabe« oder »Zehnten« nennt, die sechste die aus den Menschen, nämlich die sogenannte Kopfsteuer und Gewerbesteuer.

5 Drittens die Wirtschaftsform der Polis[I]: Deren wichtigste Einnahme ist die, welche aus eigenen Betrieben auf dem Land entsteht, dann die aus den Handelsplätzen[N] und aus den Wegezöllen[Q], dann die aus den Umlagen[R].

6 Viertens und letztens die Wirtschaftsform der Einzelperson[I]: Diese ist regellos, weil nicht auf nur ein Ziel hin gewirtschaftet wird, und sie ist die kleinste, weil in ihr Einkünfte und Aufwendungen gering sind. Die wichtigste Einnahme erzielt sie aus der Landwirtschaft, die zweitwichtigste aus den anderen Besitzungen, die dritte aus dem Geldertrag.

Abgesehen davon ist ein Gesichtspunkt allen Wirtschaftsformen gemeinsam – und darf deshalb nicht nebensächlich behandelt werden –, besonders aber für die letztgenannte von Bedeutung, dass nämlich die Ausgaben nicht größer als die Einnahmen werden dürfen.

7 Nachdem wir diese Einteilung vorgetragen haben, müssen wir nun weiter bedenken, ob es eine Satrapie[G] ist, mit der wir uns beschäftigen, oder eine Polis[I], und ob sie alle die Einkünfte, die wir schon in der Einteilung genannt haben, oder doch die wichtigsten davon beizutreiben in der Lage ist; ⟨wenn sie es ist,⟩ dann sind diese zu verwenden. Dann muss man bedenken, welche dieser Einkünfte entweder überhaupt nicht vorhanden sind, aber vorhanden

εἰσί, δύναται δ' εἰσὶ γενέσθαι, ἢ μικραὶ νῦν οὖσαι μείζους οἷαί [τινες] ⟨τε⟩ κατασκευασθῆναι, ἢ τῶν ἀναλωμάτων τῶν νῦν ἀναλουμένων τίνα τε καὶ πόσα περιαιρεθέντα ⟨τὰ⟩ ὅλα μηθὲν βλάψει.

sein könnten, oder welche jetzt nur klein sind, aber größer
werden könnten, oder welche Ausgaben, die jetzt gemacht
werden, in welchem Umfang oder auch ohne Schaden für
das Ganze beschnitten werden können.

I 8 τὰ μὲν οὖν περὶ τὰς οἰκονομίας τε καὶ τὰ μέρη τὰ
τούτων εἰρήκαμεν· ὅσα δέ τινες τῶν πρότερον πεπρά-
γασιν εἰς πόρον χρημάτων, εἴ ⟨τε⟩ τεχνικῶς τι διῴκησαν, ἃ
ὑπελαμβάνομεν ἀξιόλογα αὐτῶν εἶναι, συναγήοχαμεν.
οὐδὲ γὰρ ταύτην τὴν ἱστορίαν ἀχρεῖον ὑπολαμβάνομεν
εἶναι. ἔστι γὰρ ὅτε τούτων ἐφαρμόσει τι οἷς ἂν αὐτὸς
πραγματεύῃ.

II 1
Κύψελος [ὁ] Κορίνθιος εὐξάμενος τῷ Διί, ἐὰν κύριος
γένηται τῆς πόλεως, τὰ ὄντα Κορινθίοις πάντα ἀνα-
θήσειν, [1346b] ἐκέλευσεν αὐτοὺς ἀπογράψασθαι. ἀπογραψαμένων δὲ τούτων τὸ δέκατον μέρος παρὰ ἑκάστου
ἔλαβε, τοῖς δὲ λοιποῖς ἐκέλευσεν ἐργάζεσθαι. περιελ-
θόντος δὲ τοῦ ἐνιαυτοῦ τὸ αὐτὸ τοῦτο ἐποίησεν, ὥστε
συνέβαινεν ἐν δέκα ἔτεσι κεῖνόν τε ἅπαντα ἔχειν ἅπερ
ἀνιέρωσε, τούς τε Κορινθίους ἕτερα κεκτῆσθαι.

2
Λύγδαμις Νάξιος ἐκβαλὼν φυγάδας, ἐπειδὴ τὰ κτήματα
αὐτῶν οὐθεὶς ἠθέλησεν ἀλλ᾽ ἢ βραχέος ἀγοράζειν,
αὐτοῖς τοῖς φυγάσιν ἀπέδοτο· τά τε ἀναθήματα, ὅσα ἦν
αὐτῶν ἔν τισιν ἐργαστηρίοις ἡμίεργα ἀνακείμενα, ἐπώλει
τοῖς τε φυγάσι καὶ τῶν ἄλλων τῷ βουλομένῳ ὥστ᾽ ἐπι-
γραφῆναι τὸ τοῦ πριαμένου ὄνομα.

3
a Βυζάντιοι δὲ δεηθέντες χρημάτων τὰ τεμένη τὰ δημόσια ἀπέδοντο, τὰ μὲν κάρπιμα χρόνον τινά, τὰ δὲ ἄκαρπα

Praxis

I 8 Damit haben wir über die Wirtschaftsformen und ihre Teilgebiete gesprochen. Mit welchen Maßnahmen manche in früherer Zeit den Weg zum Geld beschritten haben oder was man trickreich dafür eingerichtet hat, haben wir zusammengestellt, soweit wir es für nennenswert hielten. Auch diese Forschung nämlich hielten wir für nützlich, denn es ist ja möglich, dass etwas davon zu dem passt, was jemand heute unternehmen will.

II 1 *Kypselos von Korinthos*
Kypselos[E] von Korinthos, der dem Zeus[K] gelobt hatte, er werde, wenn er Herrscher (Tyrann[J]) über die Polis werde, die ganze Habe der Bürger von Korinthos als Weihegabe[K] darbringen, befahl diesen, ihren Besitz registrieren zu lassen. Als sie ihn hatten registrieren lassen, nahm er von jedem den zehnten Teil; mit dem übrigen befahl er ihnen zu arbeiten. Als ein Jahr vergangen war, machte er dasselbe noch einmal, so dass er im Laufe von zehn Jahren alles bekam, was er gelobt hatte, und die Bürger von Korinthos sich neues Vermögen erworben hatten.

2 *Lygdamis von Naxos*
Lygdamis[E] von Naxos, der (als Tyrann[J]) Bürger in die Verbannung getrieben hatte, verkaufte, als niemand deren Besitz – es sei denn, sehr billig – kaufen wollte, diesen an die Verbannten selbst. Die Weihegaben[K], die von ihnen in bestimmten Werkstätten halbfertig herumlagen, verkaufte er an die Verbannten und auch an beliebige andere, und zwar so, dass der Name des Käufers daraufgeschrieben werden konnte.

3 *Die Bürger von Byzantion*
a Die Bürger von Byzantion verkauften, als sie Geld brauchten, die im Gemeindebesitz befindlichen Grund-

ἀεννάως· τά τε θιασωτικὰ καὶ τὰ πατριωτικὰ ὡσαύτως
καὶ ὅσα ἐν χωρίοις ἰδιωτικοῖς ἦν· ὠνοῦντο γὰρ πολλοῦ ὧν
ἦν καὶ τὸ ἄλλο κτῆμα· τοῖς δὲ θιασώταις ἔτερα χωρία
(ἀπέδοντο.) τὰ δημόσια ὅσα ἦν περὶ τὸ γυμνάσιον ἢ τὴν
ἀγορὰν ἢ τὸν λιμένα τούς τε τόπους τοὺς ἀγοραίους ἐν
οἷς ἐπώλει τίς τι καὶ τῆς θαλάττης τὴν ἁλείαν καὶ τὴν τῶν
ἁλῶν ἁλατοπωλίαν τῶν τ' ἐργαζομένων θαυματοποιῶν
καὶ μάντεων καὶ φαρμακοπωλῶν καὶ τῶν ἄλλων τῶν
τοιουτοτρόπων (τοὺς τόπους) τὸ τρίτον δὲ μέρος τοῦ
ἐργαζομένου ἀποτελεῖν ἔταξαν· τῶν τε νομισμάτων τὴν
καταλλαγὴν ἀπέδοντο μιᾷ τραπέζῃ, ἑτέρῳ δὲ οὐκ ἦν
οὐθενὶ οὔτε ἀποδόσθαι ἑτέρῳ οὔτε πρίασθαι παρ'
ἑτέρου· εἰ δὲ μή, στέρησις ἦν.

b ὄντος δὲ νόμου αὐτοῖς μὴ εἶναι πολίτην ὃς ἂν μὴ ἐξ
ἀστῶν ἀμφοτέρων ᾖ, χρημάτων δεηθέντες ἐψηφίσαντο
τὸν ἐξ ἑνὸς ὄντα ἀστοῦ καταβαλόντα μνᾶς τριάκοντα
εἶναι πολίτην.

c ἐν σιτοδείᾳ δὲ γενόμενοι καὶ ἀποροῦντες χρημάτων
κατήγαγον τὰ πλοῖα τὰ ἐκ τοῦ Πόντου. χρόνου δὲ γενομένου τῶν ἐμπόρων ἀγανακτούντων, ἐτέλουν αὐτοῖς τόκους ἐπιδεκάτους, τοῖς δ' ὠνουμένοις τι ἔταξαν χωρὶς τῆς
τιμῆς διδόναι τὸ ἐπιδέκατον. [1347a]

d μετοίκων δέ τινων ἐπιδεδανεικότων ἐπὶ κτήμασιν, οὐκ
οὔσης αὐτοῖς ἐγκτήσεως, ἐψηφίσαντο τὸ τρίτον μέρος

stücke, und zwar die ertragreichen auf eine bestimmte
Zeit, die unergiebigen endgültig, ebenso die Grundstücke der Kultvereine[I] und der Familienverbände[I], und
auch, was vom Besitz von Einzelpersonen eingeschlos-
sen war; es kauften die, deren Besitz angrenzte, diese
Grundstücke für viel Geld; den Kultvereinen (gaben) sie
andere Plätze. Die im Gemeindebesitz befindlichen Plätze, die am Gymnasion[I], an der Agora[I] oder am Hafen
lagen, außerdem die Einzelhandelsplätze[N], an denen jemand etwas verkaufte, am Meer das Recht zum Fisch-
fang und das zum Salzverkauf, (die Stände) der berufli-
chen Wundertäter, Magier, Arzneihändler und anderer
Leute dieser Art[N] (belegten sie mit einer Abgabe) und
trugen ihnen auf, ein Drittel des Erarbeiteten abzufüh-
ren[Q]. Den Geldwechsel vergaben sie an eine einzige
Bank[N]: Niemand anderem war es gestattet, Geld zu verkaufen oder von einem anderen anzukaufen; widrigen-
falls drohte die Beschlagnahme.

b Obwohl es bei ihnen ein Gesetz gab, dass niemand Bürger sein könne, der nicht auf beiden Seiten von Bürgern
abstamme, beschlossen sie aus Geldnot, dass jemand, der
nur auf einer Seite von einem Bürger abstammte, nach
Abgabe von dreißig Minen[P] Bürger sei.[I]

c Als sie Mangel an Nahrungsmitteln und Geld litten,
brachten sie die aus dem Pontos (Schwarzen Meer)[M] kommenden (mit Getreide beladenen) Schiffe auf (und zwan-
gen sie in den Hafen der Polis). Als nach einiger Zeit die
Händler[N] ungehalten wurden, zahlten sie ihnen Zinsen in
Höhe von einem Zehntel, und denen, die etwas kauften,
befahlen sie, über den Kaufpreis hinaus ein Zehntel zu bezahlen.

d Als gewisse Metöken[I] Darlehen gegen die Verpfändung
von Immobilien vergaben, obwohl ihnen selbst das Recht
des Grund- und Hauseigentums gar nicht zustand, beschlossen die Bürger von Byzantion, dass (für den Fall, dass
der Darlehnsnehmer nicht zurückzahlt) jeder (Metöke),

εἰσφέροντα τοῦ δανείου τὸν βουλόμενον κυρίως ἔχειν τὸ κτῆμα.

4

a Ἱππίας Ἀθηναῖος τὰ ὑπερέχοντα τῶν ὑπερῴων εἰς τὰς δημοσίας ὁδοὺς καὶ τοὺς ἀναβαθμοὺς καὶ τὰ προφράγματα καὶ τὰς θύρας τὰς ἀνοιγομένας ἔξω ἐπώλησεν· ὠνοῦντο οὖν ὧν ἦν τὰ κτήματα καὶ συνελέγη χρήματα οὕτω συχνά.

b τό τε νόμισμα τὸ ὂν Ἀθηναίοις ἀδόκιμον ἐποίησε, τάξας δὲ τιμὴν ἐκέλευσε πρὸς αὑτὸν ἀνακομίζειν. συνελθόντων δὲ ἐπὶ τῷ κόψαι ἕτερον χαρακτῆρα, ἐξέδωκε τὸ αὐτὸ ἀργύριον.

c ὅσοι τε τριηραρχεῖν ἢ φυλαρχεῖν ἢ χορηγεῖν ἤ τινα εἰς ἑτέραν λειτουργίαν τοιαύτην ἤμελλον δαπανᾶν, τίμημα τάξας μέτριον ἐκέλευσε τὸν βουλόμενον ἀποτείσαντα τοῦτο ἐγγράφεσθαι εἰς τοὺς λελειτουργηκότας.

d τῇ τε ἱερείᾳ τῇ τῆς Ἀθηνᾶς τῆς ἐν ἀκροπόλει ὑπὲρ τοῦ ἀποθανόντος φέρειν χοίνικα κριθῶν καὶ πυρῶν ἑτέραν καὶ ὀβολόν, καὶ ὅτῳ ἂν παιδάριον γένηται, τὸ αὐτὸ τοῦτο.

5

Ἀθηναῖοι δὲ οἱ ἐν Ποτιδαίᾳ οἰκοῦντες δεόμενοι χρημάτων εἰς τὸν πόλεμον ἀπογράψασθαι ἅπασι συνέταξαν τὰς οὐσίας, μὴ ἀθρόας εἰς τὸν αὑτοῦ δῆμον ἕκαστον, ἀλλὰ κατὰ κτῆμα ἐν ᾧ τόπῳ ἕκαστον εἴη, ἵνα οἱ πένητες δύνωνται ὑποτιμᾶσθαι· ὅτῳ δὲ μὴ ἦν κτῆμα μηθέν, τὸ

der ein Drittel der Darlehnssumme aufbringe, die Herrschaft über die Immobilie erhalten solle.

4 *Hippias von Athen*
a Hippias[E] von Athen (der Tyrann[J]) verkaufte das, was von den oberen Stockwerken auf die öffentlichen Straßen überkragte, die Eingangstreppen, Einfriedungen und Türen, die sich nach außen hin öffneten; es kauften dies diejenigen, die solche Häuser besaßen, und so wurde rasch viel Geld gesammelt.
b Das in Athen umlaufende Münzgeld machte er wertlos, wobei er unter Strafandrohung anordnete, dass man es bei ihm einliefern müsse. Nachdem es eingesammelt war, um mit einem anderen Prägestempel[P] gekennzeichnet zu werden, gab er dasselbe Geld wieder aus.
c Für all diejenigen, die eine Triëre[T] zu stellen, die Ausgaben einer *phyle*[I] zu finanzieren, einen Chor[K] auszustatten oder sonst eine derartige Liturgie[R] zu erbringen hatten, setzte er einen mäßigen Betrag fest und befahl, dass sich jeder, der diesen bezahlen wollte, auf die Liste derer setzen lassen konnte, die bereits eine Liturgie erbracht hatten.
d Der Priesterin der Athene (im Tempel)[K] auf der Akropolis musste man für einen Verstorbenen eine *choinix*[O] Gerste, eine *choinix*[O] Weizen und eine Obole[P] geben, und wenn jemandem ein Kind geboren wurde, musste er genau so viel geben.

5 *Die Bürger von Athen, die in Poteidaia wohnten*
Die Bürger von Athen, die in Poteidaia wohnten[E], brauchten Geld für den Krieg und befahlen deshalb allen, ihr Vermögen registrieren zu lassen, und zwar nicht gemeinsam jeweils für einen ganzen Wohnbezirk[I], sondern nach den jeweiligen Besitzungen in ihrer tatsächlichen Lage, damit die Armen unter der Mindestgrenze bleiben konnten; wer aber überhaupt keinen Besitz hatte, wurde für

σῶμα δμναῖον τιμήσασθαι. ἀπὸ τούτων οὖν εἰσέφερον
τὸ ἐπιγραφὲν ἕκαστος.

6

Σωσίπολις Ἀντισσαῖος, δεηθείσης τῆς πόλεως χρημάτων,
εἰθισμένων δὲ αὐτῶν λαμπρῶς ἄγειν Διονύσια, ἐν οἷς
ἄλλα τε πολλὰ ἀνήλισκον ἐξ ἐνιαυτοῦ παρασκευάζοντες
καὶ ἱερεῖα πολυτελῆ, ὑπογύου δὲ οὔσης ταύτης τῆς ἑορ-
τῆς, ἔπεισεν αὐτοὺς τῷ μὲν Διονύσῳ εὔξασθαι ἐς νέωτα
ἀποδώσειν διπλάσια, ταῦτα δὲ συναγαγόντας ἀποδόσθαι. συνελέγη οὖν αὐτοῖς χρήματα οὐκ ὀλίγα πρὸς τὴν
χρείαν.

7

Λαμψακηνοὶ δὲ προσδοκίμων οὐσῶν τριηρῶν πολλῶν
πρὸς αὐτούς, ὄντος ⟨τοῦ⟩ μεδίμνου τῶν ἀλφίτων τετρα-
δράχμου, προσέταξαν τοῖς ἀγοραίοις πωλεῖν ἑξάδραχμον,
καὶ τοῦ ἐλαίου τὸν χοᾶ ὄντα δραχμῶν ⟨τριῶν⟩ τεττάρων
καὶ τριωβόλου, τοῦ τε οἴνου καὶ τῶν ἄλλων ὡσαύτως. τὴν
μὲν οὖν ἀρχαίαν [1347b] τιμὴν ἐλάμβανεν ὁ ἰδιώτης, τὸ δὲ
πλέον ἡ πόλις, καὶ εὐπόρησε χρημάτων.

8

Ἡρακλεῶται πέμποντες ναῦς τετταράκοντα ἐπὶ τοὺς ἐν
Βοσπόρῳ τυράννους, οὐκ εὐπορούμενοι χρημάτων, παρὰ τῶν ἐμπόρων συνηγόρασαν τόν τε σῖτον πάντα καὶ τὸ
ἔλαιον καὶ τὸν οἶνον καὶ τὴν ἄλλην ἀγοράν, χρόνου
δισταμένου ἐν ᾧ ἔμελλον ἀποδώσειν τὴν τιμήν. τοῖς δὲ δὴ
ἐμπόροις καλῶς εἶχε μὴ κοτυλίζειν, ἀλλ' ἀθρόα τὰ

seine Person mit zwei Minen[P] veranlagt. Auf dieser Grundlage also brachte ein jeder den vorgeschriebenen Umlagebetrag[R] auf.

6 *Sosipolis von Antissa*

Sosipolis von Antissa (der Tyrann[J]) überredete, als die Polis Geld brauchte – angesichts der Gewohnheit, die Dionysien[K] prunkvoll zu begehen und dabei viel von dem auszugeben, was man das ganze Jahr hindurch zurückgelegt hatte, und zudem aufwändige Opfer darzubringen –, die Bürger dazu, dass sie dem Dionysos, als dieses Fest wieder einmal bevorstand, gelobten, im kommenden Jahr das Doppelte zu geben, dass sie aber in diesem Jahr das Zurückgelegte ablieferten. So kam nicht wenig Geld für den Zweck zusammen.

7 *Die Bürger von Lampsakos*

Die Bürger von Lampsakos befahlen, als das Heranrücken vieler Triëren[T] gegen sie zu erwarten war und als ⟨der⟩ *medimnos*[O] Mehl bei ihnen vier Drachmen[P] kostete, den Marktleuten, ihn für sechs Drachmen zu verkaufen und einen *chous*[O] Olivenöl, der sonst ⟨drei⟩ Drachmen kostete, für vier Drachmen und drei Obolen[P], und bei Wein und anderen Waren ebenso. Den alten Betrag erhielt dabei die Einzelperson, den höheren die Polis – und war nun wohlhabend.

8 *Die Bürger von Herakleia*

Die Bürger von Herakleia litten Mangel, als sie vierzig Schiffe gegen die Tyrannen[J] am Bosporos (an der Straße von Kertsch[F]) losschicken wollten; sie kauften deshalb von den Händlern das ganze Getreide, das Olivenöl, den Wein und die sonstige Ware zusammen und verhandelten einen späteren Zeitpunkt, zu dem sie den Preis dafür zahlen wollten. Den Händlern war es recht, keinen Einzelverkauf[N] durchführen zu müssen, sondern die ganze Ladung

φορτία πεπρᾶσθαι. ἐκεῖνοί τε διαδόντες διμήνου μισθὸν
παρῆγον [ἀλλὰ] τὴν ἀγορὰν ἐν ὁλκάσιν, ἄνδρα ⟨τε⟩
ταμίαν ἐπέστησαν ἐφ' ἑκάστῃ τῶν νεῶν. ἀφικομένων δ'
εἰς τὴν πολεμίαν αὐτῶν ἠγόραζον οἱ στρατιῶται παρὰ
τούτων ἅπαντα. πρότερον ⟨οὖν⟩ συλλεγέντι ἀργυρίῳ
ἐδίδοσαν οἱ στρατηγοὶ πάλιν τὸν μισθόν, ὥστε συνέβαινε
ταὐτὸ [τὸ] ἀργύριον δίδοσθαι ἕως εἰς οἶκον ἀπῆλθον.

9

Λακεδαιμόνιοι Σαμίων δεηθέντων χρήματα αὑτοῖς εἰς
τὴν κάθοδον δοῦναι, ἐψηφίσαντο μίαν ἡμέραν καὶ αὑ-
τοὺς καὶ τοὺς οἰκέτας καὶ τὰ ὑποζύγια νηστεῦσαι, ὅσον
δὲ ἐδαπάνα ἕκαστος, τοσοῦτον δοῦναι τοῖς Σαμίοις.

10

Χαλκηδόνιοι δέ, ξένων ἐν τῇ πόλει συχνῶν παρ' αὐτοῖς
γινομένων, ὀφείλοντες αὐτοῖς μισθὸν οὐκ ἠδύναντο
διαλῦσαι. ἀνήγγειλαν οὖν, εἴ τις τῶν πολιτῶν ἢ μετοίκων
σῦλον ἔχει κατὰ πόλεως ἢ ἰδιώτου καὶ βούλεται λαβεῖν,
ἀπογράψασθαι. ἀπογραψαμένων δὲ συχνῶν, τὰ πλοῖα
τὰ πλέοντα εἰς τὸν Πόντον ἐσύλων μετὰ προφάσεως
εὐλόγου. ἔταξαν δὲ χρόνον ἐν ᾧ λόγον ὑπὲρ αὐτῶν ἔφασαν ποιήσασθαι. συλλεγέντων δὲ χρημάτων συχνῶν,
τοὺς μὲν στρατιώτας ἀπήλλαξαν, ὑπὲρ δὲ τῶν σύλων
διεδικάσαντο. τοῖς δὲ μὴ δικαίως συληθεῖσιν ἡ πόλις ἀπὸ
τῶν προσόδων ἀπεδίδου.

11

Κυζικηνοὶ δὲ στασιάσαντες πρὸς ἀλλήλους, ἐπικρα-
τήσαντος τοῦ δήμου, τῶν δὲ πλουσίων συνειλημμένων,

auf einmal verkaufen zu können. Jene (die Bürger) zahlten (den Söldnern[T]) nun den Sold für zwei Monate, führten (auf dem Kriegszug) den Markt[N] auf Lastschiffen mit und setzten auf jedem Schiff einen Schatzmeister ein. Als sie nun in das Feindesland kamen, kauften die Soldaten alles nur von diesen (Schiffen). So kam das Geld zusammen, noch bevor die Söldnerführer[T] den neuen Sold auszahlten, so dass sie immer wieder dasselbe Geld zahlen konnten, bis sie nach Hause zurückkehrten.

9 *Die Bürger von Lakedaimon*
Die Bürger von Lakedaimon (Sparta) beschlossen, als die Bürger von Samos sie um Geld für ihre Rückkehr baten[E], dass einen Tag lang sie selbst, ihre Knechte und ihr Vieh hungern sollten, und so viel, wie sonst von allen verbraucht werden würde, den Bürgern von Samos zu geben.

10 *Die Bürger von Chalkedon*
Die Bürger von Chalkedon konnten, als viele Söldner bei ihnen waren und sie diesen den Sold schuldeten, sie nicht auszahlen. Sie verkündeten nun, dass jeder Bürger oder Metöke[I], der einen Anspruch auf Pfandnahme[I] gegen eine Polis oder eine Einzelperson habe und (die Schulden) eintreiben wolle, dies registrieren lassen solle. Als nun viele Ansprüche registriert worden waren, beschlagnahmten sie die in den Pontos (das Schwarze Meer) fahrenden Schiffe mit einem wohlklingenden Vorwand. Sie setzten dann einen Zeitpunkt fest, zu dem sie Rechenschaft darüber ablegen wollten. Nachdem sie viel Geld gesammelt hatten, zahlten sie die Soldaten aus; über die Pfandnahmen führten sie dann die Prozesse. Diejenigen, die zu Unrecht eine Pfandnahme erlitten hatten, zahlte die Polis aus diesen Einkünften aus.

11 *Die Bürger von Kyzikos*
Die Bürger von Kyzikos, die miteinander im Bürgerkrieg[J] lagen, beschlossen, als das einfache Volk siegte und die

ὀφείλοντες χρήματα στρατιώταις ἐψηφίσαντο μὴ θανατῶσαι τοὺς συνειλημμένους, ἀλλὰ χρήματα πραξαμένους φυγαδεῦσαι.

12

Χῖοι δέ, νόμου ὄντος αὐτοῖς ἀπογράψασθαι τὰ χρέα εἰς τὸ δημόσιον, δεηθέντες χρημάτων ἐψηφίσαντο τοὺς [1348a] ὀφείλοντας μὲν ἀποδοῦναι τῇ πόλει τὰ δάνεια, τὴν δὲ πόλιν ἐκ τῶν προσόδων τοὺς τόκους τοῖς δεδανεικόσι καταφέρειν, ἕως ἂν καὶ τὸ ἀρχαῖον εὐπορήσωσιν.

13

a Μαύσωλος ὁ Καρίας τύραννος, πέμποντος βασιλέως πρὸς αὐτὸν ἐπὶ τῷ τοὺς φόρους δοῦναι, συναγαγὼν τοὺς εὐπορωτάτους ἐν τῇ χώρᾳ ἔλεγεν ὅτι ὁ βασιλεὺς αἰτεῖ τοὺς φόρους, αὐτὸς δὲ οὐκ εὐπορεῖται. κατασκευαστοὶ δ' ἄνδρες αὐτῷ εὐθέως ἐπηγγέλλοντο ὅσον εἰσοίσει ἕκαστος. τούτων δὲ τοῦτο πραξάντων οἱ εὐπορώτεροι τὰ μὲν αἰσχυνόμενοι τὰ δὲ φοβούμενοι πολλῷ τούτων πλείω ἐπηγγέλλοντο καὶ εἰσέφερον.

b πάλιν ⟨δὲ⟩ δεηθεὶς χρημάτων ἐξεκκλησιάσας τοῖς Μυλασσεῦσιν ἔλεγεν ὅτι μητρόπολις οὖσα ἡ πόλις αὐτοῦ αὕτη ἀτείχιστός ἐστιν, ὁ δὲ βασιλεὺς ἐπ' αὐτὸν στρατεύει. ἐκέλευσεν οὖν τοὺς Μυλασσεῖς φέρειν ἕκαστον ὅτι πλεῖστα χρήματα, φάσκων αὐτοὺς τοῖς νῦν εἰσενεχθεῖσι καὶ τὰ λοιπὰ σῴζειν. εἰσενεχθέντων δὲ πολλῶν τὰ μὲν χρήματα εἶχε, τὸ δὲ τεῖχος οὐκ ἔφη τὸν θεὸν ⟨ἐᾶν⟩ ἐν τῷ παρόντι οἰκοδομεῖν.

Reichen gefangen genommen waren, da die Soldaten ihren Sold verlangten, die Gefangenen nicht zu töten, sondern gegen die Zahlung von Geld in die Verbannung zu schicken.

12 *Die Bürger von Chios*

Die Bürger von Chios beschlossen, da man bei ihnen nach dem Gesetz Schulden aller Art öffentlich registrieren lassen musste, aus Geldmangel, dass alle Schulden (nicht an die Gläubiger, sondern) an die Polis zurückgezahlt werden müssten und dass dann die Polis (als neuer Generalschuldner) aus diesen Einkünften den Gläubigern die Zinsen zahlen müsse, bis sie wieder so wohlhabend seien wie früher.

13 *Mausolos, Tyrann von Karien*

a Mausolos[E], der Tyrann[J] von Karien, lud, als der Großkönig[G] Boten zu ihm schickte und Tribute[G] von ihm einforderte, die Wohlhabendsten im Land ein und sagte ihnen, dass der Großkönig die Tribute einfordere, dass aber er selbst nicht wohlhabend genug sei. Eigens dafür vorbereitete Männer versprachen ihm daraufhin sofort, wie viel jeder als Umlagebetrag[R] aufbringen werde. Nachdem diese das getan hatten, versprachen die Wohlhabenderen, die sich einerseits schämten, andererseits ängstigten, noch weit mehr als jene und brachten den Umlagebetrag auf.

b Als er wieder Geld brauchte, berief er die Bürger von Mylasa zu einer Versammlung[I] ein und sagte ihnen, dass diese Polis, seine Mutterstadt, ohne Mauern sei, der Großkönig[G] aber mit einem Heer gegen ihn ziehe. Er befahl daher den Bürgern von Mylasa, ein jeder solle so viel Geld wie möglich bringen, wobei er ihnen zusagte, dass sie mit dem jetzt durch Umlage[R] Aufgebrachten das Übrige retten würden. Als nun viel Geld durch Umlage aufgebracht worden war, behielt er es und sagte, die Mauer zu bauen ⟨lasse⟩ zum gegenwärtigen Zeitpunkt der Gott nicht ⟨zu⟩.

14

a Κόνδαλος Μαυσώλου ὕπαρχος, ὁπότε διαπορευομένῳ
αὐτῷ διὰ τῆς χώρας προσενέγκοι τις πρόβατον ἢ ὗν ἢ
μόσχον, ἀπογραψάμενος τὸν δόντα καὶ τὸν χρόνον,
ἀπαγαγόντα εἰς οἶκον ἐκέλευε τρέφειν ἕως ἂν ἐπανέλθοι·
ὁπότε δὲ δοκοίη χρόνος ἱκανὸς εἶναι, αὐτό τε τὸ τραφὲν
καὶ τὴν ἐπικαρπίαν λογισάμενος ἀπῄτει,

b τῶν τε δένδρων τὰ ὑπερέχοντα ἢ πίπτοντα εἰς τὰς
ὁδοὺς τὰς βασιλικὰς ἐπώλει τὰς ἐπικαρπίας.

c τῶν δὲ στρατιωτῶν εἴ τις τελευτήσειε, διαπύλιον ἀπῄτει
δραχμὴν τοῦ σώματος· ἅμα τε οὖν ἐντεῦθεν καὶ ἀργύριον
ἐλάμβανεν, ἅμα τε οἱ ἡγεμόνες οὐ παρεκρούοντο αὐτόν,
πότε τετελεύτηκεν ὁ στρατιώτης.

d τούς τε Λυκίους ὁρῶν ἀγαπῶντας τὸ τρίχωμα φορεῖν,
ἔφησε γράμματα ἥκειν παρὰ βασιλέως κόμας ἀποστεῖλαι
εἰς προκόμια· προστετάχθαι οὖν αὐτῷ ὑπὸ Μαυσώλου
ἀποκεῖραι αὐτούς. ἔφησεν οὖν, εἰ βούλονται ἐπικεφά-
λαιον τακτὸν αὐτῷ δοῦναι, μεταπέμψασθαι ἐκ τῆς Ἑλ-
λάδος κόμην· οἱ δὲ ἀσμένως ἔδοσαν ὃ ᾔτει, καὶ συνελέγη
χρήματα πολλὰ ἀπὸ ὄχλου πολλοῦ.

15

a Ἀριστοτέλης Ῥόδιος ἄρχων Φωκαίας, ἀπορῶν χρημάτων, ὁρῶν στάσεις οὔσας δύο τῶν Φωκαίων, λόγους ἐποιήσατο [1348b] πρὸς τὴν ἑτέραν στάσιν ἐν ἀπορρήτοις,
φάσκων αὐτῷ διδόναι χρήματα τοὺς ἑτέρους ἐφ' ᾧ αὐτοῖς τὰ πράγματα ἐγκλῖναι, αὐτὸς δὲ μᾶλλον βούλεσθαι

14 *Kondalos, »hyparchos« des Mausolos*

a Kondalos, ein *hyparchos*G des MausolosE, pflegte, wenn immer er durch das Land zog und ihm jemand ein Schaf oder Schwein oder Kalb brachte, den Geber und den Zeitpunkt registrieren zu lassen und ihm zu befehlen, das Tier nach Hause zurückzubringen und aufzuziehen, bis er wiederkomme. Wenn ihm genug Zeit verstrichen zu sein schien, forderte er das aufgezogene Tier ein und berechnete noch die ErtragsabgabeQ.

b Von den Bäumen, die über die KönigsstraßenG überhingen oder Obst auf sie fallen ließen, verpachtete er die (Eintreibung der) ErtragsabgabeQ.

c Wenn einer von den Soldaten (Söldnern) gestorben war, verlangte er einen TorzollG von einer DrachmeP für den Leichnam. Zum einen nahm er von daher Geld ein, zum anderen konnten ihn die SöldnerführerT nicht darüber täuschen, wann ein Soldat gestorben war (indem sie – den Tod verheimlichend – weiterhin Sold für den toten Soldaten einforderten).

d Als er sah, dass die LykierE ihr Haar lang zu tragen liebten, behauptete er, es sei ein Brief vom GroßkönigG gekommen, dass man Haare für Perücken senden solle; ihm sei nun von Mausolos der Auftrag gegeben worden, sie alle kahl zu scheren. Er sagte aber dazu, er werde, wenn sie ihm ein festgesetztes Kopfgeld zahlten, das Haar aus Griechenland kommen lassen; sie zahlten ihm gern, was er verlangte, und so kam viel Geld von vielen Leuten zusammen.

15 *Aristoteles von Rhodos*

a Aristoteles von Rhodos, der Beherrscher Phokaias, litt an Geldmangel, sah aber, dass es bei den Bürgern von Phokaia zwei ParteiungenJ gab, und verhandelte deshalb mit der einen Parteiung in aller Heimlichkeit, wobei er erklärte, die anderen hätten ihm Geld dafür gegeben, dass sich die Verhältnisse in ihrem Sinne entwickelten, er aber

παρὰ τούτων λαβεῖν καὶ τὰ περὶ τὴν πόλιν τούτοις διοι-
κεῖν παραδοῦναι. ἀκούσαντες δὲ ταῦτα εὐθέως τὰ χρήματα οἱ παρόντες πορίσαντες ὅσα ἐκέλευσεν ἔδωκαν· ὁ
δὲ τοῖς ἑτέροις πάλιν ἔδειξεν ἃ εἰληφὼς εἴη παρὰ τῶν ἑτέ-
ρων· οἱ δὲ καὶ αὐτοὶ ἔφασαν οὐκ ἐλάττω δώσειν. λαβὼν
δὲ παρ' ἀμφοτέρων κατήλλαξεν αὐτοὺς πρὸς ἀλλήλους.
b τοῖς τε πολίταις κατιδὼν οὔσας δίκας πολλὰς καὶ μεγά-
λας, ἐκ πολλοῦ χρόνου ἀδικάστους διὰ πολέμου, δικασ-
τήριον καθίσας προεῖπεν, ὅσοι ἂν μὴ δικάσωνται χρόνον ὃν προέθηκε, μηκέτι ἔσεσθαι ὑπὲρ τῶν προτέρων ἐγκλημάτων κρίσεις. τότε δὴ παράβολον πολλῶν δικῶν ⟨αἱ-
τῶν⟩ καὶ τὰς ἐκκλήτους μετ' ἐπιτιμίων ἐφ' αὑτὸν ποιού-
μενος καὶ παρ' ἑκατέρων ἀργύριον δι' ἑτέρων λαμβάνων,
συνήγαγεν οὐκ ὀλίγα χρήματα.

16

a Κλαζομένιοι δ' ἐν σιτοδείᾳ ὄντες χρημάτων τε ἀποροῦντες ἐψηφίσαντο παρ' οἷς ἔλαιόν ἐστι τῶν ἰδιωτῶν,
δανεῖσαι τῇ πόλει ἐπὶ τόκῳ· γίνεται δὲ πολὺς οὗτος ὁ καρ-
πὸς ἐν τῇ χώρᾳ αὐτῶν. δανεισάντων δὲ μισθωσάμενοι
πλοῖα ἀπέστειλαν εἰς τὰ ἐμπόρια, ὅθεν αὐτοῖς ἧκε σῖτος,
ὑποθήκης γενομένης τῆς τοῦ ἐλαίου τιμῆς.
b ὀφείλοντες ⟨τε⟩ στρατιώταις μισθὸν εἴκοσι τάλαντα καὶ
οὐ δυνάμενοι, τόκον ἔφερον τοῖς ἡγεμόσι τέτταρα τάλαντα τοῦ ἐνιαυτοῦ· ἐπεὶ δὲ τοῦ μὲν ἀρχαίου ἀπέκοπτον οὐ-
θέν, ἀεὶ δὲ μάτην ἐδαπάνων, νόμισμα ἔκοψαν σιδηροῦν

wolle lieber ihre Seite ergreifen und ihnen die Verwaltung
der Angelegenheiten der Polis überlassen. Als sie das hörten, brachten sie sofort das Geld herbei und gaben ihm,
was er ihnen aufgetragen hatte. Er jedoch zeigte wiederum
den anderen, wie viel er von ihren Gegnern bekommen
habe. Sie sagten zu, sie würden ihm nicht weniger geben.
Nachdem er von beiden Parteiungen das Geld bekommen
hatte, versöhnte er sie miteinander.

b Als er bemerkte, dass es unter den Bürgern viele große
Prozesse[J] gab und dass wegen des Kriegs viele nicht mit
einem Urteil abgeschlossen worden waren, setzte er einen
Gerichtshof ein und verkündete dann, dass bei allen Pro-
zessen, die nicht zu einem von ihm festgesetzten Zeitpunkt entschieden seien, keine Urteile mehr wegen früherer Beschuldigungen möglich seien. Damals (forderte er)
die (vom Kläger zu leistende) Einlage für viele Prozesse
und machte auch die außergerichtlichen Schlichtungen mit
Bußgeldzahlungen zu seiner Sache, nahm von beiden Seiten durch deren Gegner Geld ein und brachte so nicht ge-
ringe Mittel zusammen.

16 *Die Bürger von Klazomenai*

a Die Bürger von Klazomenai, die Mangel an Nahrungsmitteln und Geld litten, beschlossen, dass alle Einzelpersonen, die im Besitz von Olivenöl seien, der Polis Geld
auf Zinsen leihen müssten; es ist dieses Produkt in ihrem
Land sehr reichlich vorhanden. Nachdem sie das Geld geliehen hatten, mieteten sie Schiffe und schickten sie zu den
Handelsplätzen[N], von denen ihre Nahrungsmittel kamen,
wobei ihnen der Wert des Olivenöls das Unterpfand für
ihre Kreditwürdigkeit war.

b Als sie den Soldaten den Sold in Höhe von zwanzig Ta-
lenten[P] schuldeten und nicht zahlen konnten, gaben sie als
Zinsen den Söldnerführern[T] vier Talente pro Jahr (also 20
Prozent). Weil sie dadurch aber nichts von der alten
Schuld tilgten und immer nur vergeblich zahlten, prägten

εἰς ἀργυρίου λόγον εἴκοσι ταλάντων, εἶτα διδόντες τοῖς
εὐπορωτάτοις ἐν τῇ πόλει κατὰ λόγον ἑκάστῳ ἀργύριον
παρ' ἐκείνων ἔλαβον ἴσον. οἵ τε οὖν ἰδιῶται εἶχον εἰς τὰς
καθ' ἡμέραν χρείας ἀναλίσκειν καὶ ἡ πόλις τοῦ χρέους
ἀπηλλάγη. δεύτερον δὲ ἐκ τῶν προσόδων ἐκείνοις τόν τε
τόκον ⟨ὃν⟩ κατέφερον ἀεὶ διαιροῦντες ἑκάστῳ πρὸς
μέρος διεδίδοσαν, τοὺς δὲ σιδηροῦς ἐκομίζοντο.

17

Σηλυβριανοὶ δὲ δεηθέντες χρημάτων, νόμου ὄντος αὐτοῖς σίτου μὴ ἐξαγωγὴν ⟨εἶναι⟩, [ἐν] λιμοῦ γενομένου, ἐκείνοις δὲ ὑπάρχοντος σίτου παλαιοῦ, ἐψηφίσαντο τῇ πόλει
παραδοῦναι τοὺς ἰδιώτας τὸν σῖτον τῆς τεταγμένης τιμῆς,
ὑπολειπόμενον ἕκαστον [1349a] ἐνιαυτοῦ τροφήν· εἶτα
ἐξαγωγὴν ἔδωκαν τῷ βουλομένῳ, τάξαντες τιμὴν ἣν ἐδόκει καλῶς ἔχειν αὐτοῖς.

18

Ἀβυδηνοὶ δέ, διὰ στασιασμὸν τῆς χώρας ἀργοῦ γενομένης καὶ τῶν μετοίκων οὐ προϊεμένων αὐτοῖς οὐδὲν διὰ τὸ
καὶ ἔτι ὀφείλειν, ἐψηφίσαντο τὸν βουλόμενον τοῖς γεωρ-
γοῖς δανείζειν ὡς ἐργάσωνται, ὡς πρώτοις αὐτοῖς ἐσομένης τῆς κομιδῆς ἐκ τοῦ καρποῦ, τοῖς δὲ ἄλλοις ἐκ τῶν λει-
πομένων.

19

a Ἐφέσιοι δεηθέντες χρημάτων νόμον ἔθεντο μὴ φορεῖν
χρυσὸν τὰς γυναῖκας, ὅσον δὲ νῦν ἔχουσι δανεῖσαι τῇ πό-
λει·

sie eisernes Geld[p] mit dem Nennwert des Silbers in Höhe von zwanzig Talenten, gaben dies dann den wohlhabendsten Leuten in der Polis im jeweiligen Verhältnis und nahmen von jenen dafür den gleichen Betrag in Silber. So konnten die Einzelpersonen Geld für die täglichen Bedürfnisse aufbringen, und die Polis war ihre Schulden los. Als zweites zahlten sie aus den Einkünften jenen den Zins, ⟨den⟩ sie abzutragen hatten, indem sie jeweils einem jeden einen Teil für die Rückzahlung abzweigten, und sammelten so das Eisengeld wieder ein.

17 *Die Bürger von Selymbria*
Die Bürger von Selymbria brauchten Geld, doch da es ein Gesetz gab, demzufolge ihnen die Getreideausfuhr nicht ⟨erlaubt war⟩, beschlossen sie, als eine Hungersnot ausgebrochen war, es aber noch viel altes Getreide bei ihnen gab, dass die Einzelpersonen dieses Getreide der Polis zum festgesetzten Preis überlassen müssten, wobei jeder für ein Jahr Brotgetreide behalten dürfe; dann gaben sie die Ausfuhr für alle frei, wobei sie es ihnen überließen, den Preis zu verlangen, der ihnen gut schien.

18 *Die Bürger von Abydos*
Die Bürger von Abydos beschlossen, als nach einem Bürgerkrieg[j] das Land unbestellt war und die Metöken[I] nichts mehr leihen wollten, weil sie ihnen schon genug schuldeten, dass jedermann den Bauern Geld leihen dürfe, damit sie das Land bestellten, wobei den Gläubigern als ersten der Ertrag der Früchte zukäme, den anderen nur, was übrig bleibe.

19 *Die Bürger von Ephesos*
a Die Bürger von Ephesos, die Geld brauchten, erließen ein Gesetz, dass die Frauen keinen Goldschmuck tragen dürften und dass sie allen, den sie zu jenem Zeitpunkt besaßen, der Polis leihen sollten.

b τῶν τε κιόνων τῶν ἐν τῷ νεῷ τάξαντες ἀργύριον ὃ δεῖ
καταβαλεῖν εἴων ἐπιγράφεσθαι τὸ ὄνομα τοῦ δόντος τὸ
ἀργύριον ὡς ἀνατεθεικότος.

20

a Διονύσιος Συρακούσιος βουλόμενος χρήματα συναγα-
γεῖν, ἐκκλησίαν ποιήσας ἔφησεν ἑωρακέναι τὴν Δήμη-
τραν, καὶ κελεύειν τὸν τῶν γυναικῶν κόσμον εἰς τὸ ἱερὸν
ἀποκομίζειν· αὐτὸς μὲν οὖν τῶν παρ' αὑτῷ γυναικῶν τὸν
κόσμον τοῦτο πεποιηκέναι, ἠξίου δὲ καὶ τοὺς ἄλλους, μή
τι μήνιμα παρὰ τῆς θεοῦ γένηται· τὸν δὲ μὴ τοῦτο ποι-
ήσαντα ἔνοχον ἔφησεν ἱεροσυλίας ἔσεσθαι. ἀνενεγκάν-
των δὲ πάντων ἃ εἶχον διά τε τὴν θεὸν καὶ δι' ἐκεῖνον,
θύσας τῇ θεῷ τὸν κόσμον ἀπηνέγκατο ὡς παρὰ τῆς θεοῦ
δεδανεισμένος. προελθόντος δὲ χρόνου καὶ τῶν γυναικῶν πάλιν φορουσῶν, ἐκέλευσε τὴν βουλομένην χρυσο-
φορεῖν τάγμα τι ἀνατιθέναι ἐν τῷ ἱερῷ.
b τριήρεις τε ναυπηγεῖσθαι μέλλων ᾔδει ὅτι δεήσοιτο
χρημάτων. ἐκκλησίαν οὖν συναγαγὼν ἔφη πόλιν αὑτῷ
τινα προδίδοσθαι, εἰς ἣν δεῖσθαι χρημάτων, ἠξίου τε
αὑτῷ τοὺς πολίτας εἰσενέγκαι δύο στατῆρας ἕκαστον· οἱ
δ' εἰσήνεγκαν. διαλιπὼν δὲ δύο ἢ τρεῖς ἡμέρας, ὡς διημαρ-
τηκὼς τῆς πράξεως, ἐπαινέσας αὐτοὺς ἀπέδωκεν ἑκάστῳ ὃ εἰσήνεγκαν. ποιήσας δὲ τοῦτο ἀνεκτήσατο τοὺς
πολίτας. εἶτα πάλιν, οἰόμενοι ἀπολήψεσθαι, εἰσήνεγκαν·
ὃ δὲ λαβὼν εἶχεν εἰς τὴν ναυπηγίαν.

b Für die Säulen im (neu zu errichtenden)^E Tempel (der Artemis)^K legten sie die Geldsumme fest, die einer dafür zu entrichten hatte, dass – was sie zuließen – der Name des Geldgebers als Stifters der Weihegabe^K darauf geschrieben würde.

20 *Dionysios von Syrakusai*

a Dionysios^E von Syrakusai (der Tyrann^J), der Geld zusammenbringen wollte, berief eine Versammlung^I ein und sagte dann, er habe (im Traum) Demeter^K geschaut, und sie habe ihn aufgefordert, den Schmuck der Frauen in den Tempel^K zu bringen; er selbst habe dies mit dem Schmuck der Frauen seines Hauses schon getan. Er forderte nun auch die anderen dazu auf, damit es keinen Anlass für ein Zürnen der Göttin gebe. Er kündigte an, dass sich jeder, der dies nicht tue, des Tempelraubs^S schuldig mache. Als daraufhin alle um der Göttin und um seinetwillen abgeliefert hatten, was sie besaßen, opferte er der Göttin und nahm den Schmuck an sich, als habe er ihn sich von der Göttin geliehen. Als mit der Zeit die Frauen auch wieder Goldschmuck tragen wollten, befahl er, dass jede, die Gold tragen wolle, einen bestimmten Betrag an den Tempelschatz entrichten müsse.

b Als er Triëren^T bauen wollte, wusste er, dass er Geld brauche. Er berief eine Versammlung^I ein und sagte, man wolle ihm durch Verrat eine bestimmte Polis ausliefern, wofür er nun Geld brauche. Er forderte, dass für ihn jeder Bürger zwei Statere^P als Umlagebetrag^R aufbringen solle; diese brachten ihn auf. Nachdem er zwei oder drei Tage hatte verstreichen lassen, tat er, als habe er das Vorhaben nicht umsetzen können, belobigte sie und gab jedem zurück, was er aufgebracht hatte. Indem er dies tat, gewann er die Bürger für sich. Dann brachten sie durch Umlage wieder Geld auf, weil sie meinten, es zurückzuerhalten. Er aber nahm es und behielt es für den Schiffsbau.

c οὐκ εὐπορῶν δὲ ἀργυρίου νόμισμα ἔκοψε καττιτέρου,
καὶ συναγαγὼν ἐκκλησίαν πολλὰ τοῦ κεκομμένου νομίσματος ὑπερεῖπεν· οἱ δὲ ἐψηφίσαντο καὶ μὴ βουλόμενοι
ἕκαστος ὃ ἂν εἵλετο ἔχειν ὡς ἀργυροῦν ἀλλὰ μὴ καττι-
τέρινον.

d πάλιν τε [1349b] δεηθεὶς χρημάτων ἠξίου τοὺς πολίτας
εἰσενεγκεῖν αὐτῷ· οἱ δ' οὐκ ἔφασαν ἔχειν. ἐξενέγκας οὖν
τὰ σκεύη τὰ παρ' αὑτοῦ ἐπώλει, ὡς δὴ δι' ἀπορίαν τοῦτο
ποιῶν· ἀγοραζόντων δὲ Συρακουσίων, ἀπεγράφετο τί
ἕκαστος ἀγοράσειεν· ἐπεὶ δὲ τὴν τιμὴν κατέβαλον, ἐκέλευσε τὸ σκεῦος ἀναφέρειν ἕκαστον ὃ ἠγόρασεν.

e τῶν τε πολιτῶν διὰ τὰς εἰσφορὰς οὐ τρεφόντων βοσκήματα, εἶπεν ὅτι ἱκανὰ ἦν αὑτῷ πρὸς τοσοῦτον· τοὺς οὖν
νῦν τι κτησαμένους ἀτελεῖς ἔσεσθαι. πολλῶν δὲ ταχὺ
κτησαμένων πολλὰ βοσκήματα ὡς ἀτελῆ ἑξόντων, ἐπεὶ
καιρὸν ᾤετο εἶναι, τιμήσασθαι κελεύσας ἐπέβαλε τέλος.
οἱ οὖν πολῖται ἀγανακτήσαντες ἐπὶ τῷ ἐξηπατῆσθαι,
σφάζοντες ἐπώλουν. ὡς δὲ πρὸς τοῦτο ἔταξε σφάζεσθαι
ὅσα δεῖ τῆς ἡμέρας, οἱ δὲ πάλιν ἱερόθυτα ἐποίουν· ὃ δὲ
ἀπεῖπε θῆλυ μὴ θύειν.

f πάλιν τε δεηθεὶς χρημάτων ἐκέλευσεν ἀπογράψασθαι
[χρημάτων] πρὸς αὑτὸν ὅσοι οἶκοί εἰσιν ὀρφανικοί.
ἀπογραψαμένων δὲ ἄλλων τὰ τούτων χρήματα ἀπεχρᾶτο
ἕως ἕκαστος εἰς ἡλικίαν ἔλθοι.

g Ῥήγιόν τε καταλαβών, ἐκκλησίαν συναγαγὼν εἶπε δι-
ότι δικαίως μὲν ἂν ἐξανδραποδισθεῖεν ὑπ' αὐτοῦ, νῦν
μέντοι τὰ εἰς τὸν πόλεμον ἀνηλωμένα χρήματα κομι-
σάμενος καὶ ὑπὲρ ἑκάστου σώματος τρεῖς μνᾶς ἀφήσειν

c Als er Mangel an Geld litt, ließ er Münzen aus Zinn[P] prägen, berief dann eine Versammlung[I] ein und sagte viel zum Lob des neu geprägten Geldes; die Leute aber beschlossen, auch wenn sie dies nicht wollten, dass jeder das, was er bekommen habe, für Silbergeld halten solle und nicht etwa für Zinngeld.

d Als er wieder Geld brauchte, forderte er die Bürger auf, für ihn Geld durch Umlage[R] aufzubringen. Die aber sagten, sie hätten nichts. Da brachte er allen Hausrat auf, den er hatte, und verkaufte ihn, als tue er dies, weil er Mangel leide. Als die Bürger von Syrakusai kauften, ließ er registrieren, was jeder gekauft hatte; als sie den Preis entrichtet hatten, befahl er, jeder solle ihm die Sache abliefern, die er gekauft habe.

e Als die Bürger wegen der Belastung[*] durch Umlagebeträge[R] kein Vieh mehr hielten, sagte er, dass er diesbezüglich genug habe; es sollten nun diejenigen, die Vieh besäßen, abgabenfrei sein. Als daraufhin viele rasch viel Vieh kauften in der Hoffnung, es abgabenfrei zu besitzen, befahl er, als er den geeigneten Zeitpunkt für gekommen hielt, es schätzen zu lassen und setzte dann eine Abgabe darauf. Die Bürger waren ungehalten über den Betrug, schlachteten und verkauften. Als er daraufhin festsetzte, dass man nur für den täglichen Eigenbedarf schlachten dürfe, machten jene eben wieder Opferschlachtungen[K]; er aber verbot dann, weibliche Tiere zu opfern.

f Als er wieder einmal Geld brauchte, befahl er, dass man für ihn registrieren lasse, wie viele Häuser im Besitz von Waisen[I] seien. Als nun andere deren Besitz registriert hatten, nutzte er ihn, bis der jeweilige Besitzer volljährig wurde.

g Als er Rhegion eingenommen hatte,[E] berief er eine Versammlung[I] ein und erklärte dann, sie (die Bürger) könnten mit Recht von ihm in die Sklaverei verkauft werden,[R] er aber wolle, sofern man ihm die für den Krieg aufgewendeten Mittel und für jede Person drei Minen[P] bringe, sie lau-

αὐτούς. οἱ δὲ Ῥηγῖνοι ὅσα ποτ᾽ ἦν αὐτοῖς ἀποκεκρυμμένα ἐμφανῆ ἐποίουν καὶ οἱ ἄποροι παρὰ τῶν εὐπορωτέρων καὶ παρὰ τῶν ξένων δανειζόμενοι ἐπόρισαν ἃ ἐκέλευσε χρήματα. λαβὼν δὲ ταῦτα παρ᾽ αὐτῶν τά τε σώματα πάντα οὐδὲν ἧττον ἀπέδοτο τά τε σκεύη, ἃ τότε ἦν ἀποκεκρυμμένα, ἐμφανῆ ἅπαντα ἔλαβε.

h δανεισάμενός τε παρὰ τῶν πολιτῶν χρήματα ἐπ᾽ ἀποδόσει, ὡς ἀπήτουν αὐτόν, ἐκέλευσεν ἀναφέρειν ὅσον ἔχει τις ἀργύριον πρὸς αὐτόν· εἰ δὲ μή, θάνατον ἔταξε τὸ ἐπιτίμιον. ἀνενεχθέντος δὲ τοῦ ἀργυρίου, ἐπικόψας χαρακτῆρα ἐξέδωκε τὴν δραχμὴν δύο δυναμένην δραχμὰς καὶ τό τε ὀφειλόμενον πρότερον (ἀπέδωκεν ἅ τε ὕστερον) ἀνήνεγκαν πρὸς αὐτόν.

i εἰς Τυρρηνίαν τε πλεύσας ναυσὶν ἑκατόν, ἔλαβεν ἐκ τοῦ τῆς Λευκοθέας ἱεροῦ χρυσίον τε καὶ ἀργύριον πολὺ καὶ τὸν ἄλλον κόσμον οὐκ ὀλίγον. εἰδὼς δὲ ὅτι καὶ οἱ ναῦται πολλὰ ἔχουσιν, κήρυγμα ἐποιήσατο τὰ ἡμίσεα [1350a] ὧν ἔχει ἕκαστος ἀναφέρειν πρὸς αὐτόν, τὰ δ᾽ ἡμίσεα ἔχειν τὸν λαβόντα· τῷ δὲ μὴ ἀνενέγκαντι θάνατον ἔταξε τὸ ἐπιτίμιον. ὑπολαβόντες δὲ οἱ ναῦται ἀνενεγκόντες τὰ ἡμίσεα τὰ κατάλοιπα ἕξειν, ἀδεῶς ἀνήνεγκαν· ὃ δ᾽ ἐπείπερ ἐκεῖνα ἔλαβεν, ἐκέλευσε πάλιν τὰ ἡμίσεα ἀναφέρειν.

21

a Μενδαῖοι δὲ τὰ μὲν ἀπὸ λιμένων καὶ τῶν ἄλλων τελῶν αὐτοῖς προσπορευόμενα [ἐχρῶντο] εἰς διοίκησιν τῆς πό-

fen lassen. Die Bürger von Rhegion brachten nun alles
hervor, was sie irgendwie versteckt hatten,[S] und die Mangel Leidenden liehen sich Geld von den Wohlhabenderen
und von den Fremden[I] und brachten so viel Geld auf, wie
er befohlen hatte. Als er dieses von ihnen bekommen hatte, verkaufte er die Personen nichtsdestoweniger als Sklaven und erhielt dazu noch alle ihre Dinge, die verborgen
gewesen und nun ans Licht gekommen waren.

h Als er sich von den Bürgern Geld geliehen hatte mit der
Verpflichtung zur Rückzahlung und als jene es dann von
ihm zurückforderten, befahl er, jeder solle ihm so viel Silbergeld abliefern, wie er nur habe; andernfalls setzte er als
Strafe den Tod fest. Als ihm das Silber abgeliefert worden
war, ließ er einen anderen Prägestempel[P] darauf schlagen,
gab jede Drachme[P] mit dem Wert von zwei Drachmen
wieder aus und ⟨gab so⟩ das zuvor geschuldete Geld ⟨zu-
rück und auch das, was sie später⟩ bei ihm abgeliefert hatten.

i Nach Tyrrhenien (Etrurien) fuhr er mit hundert Schiffen[E] und nahm aus dem Heiligtum der Leukothea[K] (von
den dort bewahrten Gaben) viel goldenen und silbernen
und auch nicht wenig anderen Schmuck.[S] Er wusste, dass
auch die Seeleute viel behalten hatten und ließ deshalb
eine Botschaft verkünden, dass jeder die Hälfte dessen,
was er habe, bei ihm abliefern müsse, die andere Hälfte
dürfe derjenige behalten, der es sich genommen habe.[R]
Für jeden, der nicht abliefere, setzte er den Tod als Strafe
fest. Da nun die Seeleute annahmen, sie könnten, wenn sie
die eine Hälfte ablieferten, die andere behalten, lieferten
sie unbesorgt ab; er aber befahl, nachdem er jene erhalten
hatte, ihm auch die andere Hälfte abzuliefern.
(Siehe auch 41.)

21 *Die Bürger von Mende*

a Die Bürger von Mende trieben die Gelder ein, die ihnen
aus den Häfen und den anderen Abgaben für die Verwal-

λεως, τὰ δὲ ἀπὸ τῆς γῆς καὶ οἰκιῶν τέλη οὐκ ἔπραττον,
ἀλλ' ἀνέγραφον τοὺς ἔχοντας· ὁπότε δὲ δεηθεῖεν χρημάτων, ἀπεδίδοσαν (ὡς) ὀφείλοντες· ἐκέρδαινον οὖν τὸν παρ-
εληλυθότα χρόνον ἀτόκοις τοῖς χρήμασιν ἀποκεχρημέ-
νοι.
b πολεμοῦντες (δὲ) πρὸς Ὀλυνθίους καὶ δεόμενοι χρημάτων, ὄντων αὐτοῖς ἀνδραπόδων ἐψηφίσαντο καταλει-
πομένου ἑνὶ ἑκάστῳ θήλεος καὶ ἄρρενος τὰ ἄλλα ἀποδόσθαι τῇ πόλει, ὡς ἐκδανεῖσαι τοὺς ἰδιώτας χρήματα.

22

Καλλίστρατος (Ἀθηναῖος) ἐν Μακεδονίᾳ πωλουμένου
τοῦ ἑλλιμενίου ὡς ἐπὶ τὸ πολὺ εἴκοσι ταλάντων ἐποίησεν
εὑρεῖν τὸ διπλάσιον· κατιδὼν γὰρ ὠνουμένους τοὺς εὐ-
ποpωτέρους ἀεὶ διὰ τὸ δεῖν ταλαντιαίους καθιστάναι
τοὺς ἐγγύους τῶν εἴκοσι ταλάντων, προεκήρυξεν ὠνεῖσ-
θαι τὸν βουλόμενον καὶ τοὺς ἐγγύους καθιστάναι τοῦ
τρίτου μέρους καὶ καθ' ὁπόσον ἕκαστος δύναται πείθειν.

23

a Τιμόθεος Ἀθηναῖος πολεμῶν πρὸς Ὀλυνθίους καὶ
ἀπορούμενος ἀργυρίου, κόψας χαλκὸν διεδίδου τοῖς
στρατιώταις. ἀγανακτούντων δὲ τῶν στρατιωτῶν ἔφη
αὐτοῖς τοὺς ἐμπόρους τε καὶ ἀγοραίους ἅπαντα ὡσαύτως
πωλήσειν. τοῖς δ' ἐμπόροις προεῖπεν ὃν ἄν τις λάβῃ
χαλκόν, τούτου πάλιν ἀγοράζειν τά τ' ἐκ τῆς χώρας ὤνια
καὶ τὰ ἐκ τῶν λείων ἀγόμενα· ὃς δ' ἂν περιλειφθῇ αὐτοῖς
χαλκός, πρὸς αὐτὸν ἀναφέροντας ἀργύριον λαμβάνειν.

tung der Polis zukamen, nicht aber die Abgaben auf Grund- und Häuserbesitz^Q, sondern ließen nur die Besitzer registrieren. Wenn sie aber Geld brauchten, leisteten jene wie Schuldner Zahlungen. Sie hatten also für die sonst verflossene Zeit den Gewinn, dass sie das Geld zinslos hatten nutzen können.

b Als sie gegen Olynthos Krieg führten^E und dafür Geld brauchten, beschlossen sie, jeder solle von den Sklaven, die er habe, einen weiblichen und einen männlichen behalten, alle anderen aber der Polis abgeben, so als ob die Einzelpersonen Geld verliehen.

22 *Kallistratos von Athen*

Kallistratos^E (von Athen) fand, als in Makedonien der Hafenzoll^Q zumeist für zwanzig Talente^P verpachtet wurde, einen Weg, das Doppelte zu erzielen. Er bemerkte nämlich, dass nur die Wohlhabenderen die Pacht^Q übernahmen, weil man Bürgen mit jeweils einem Talent für die zwanzig Talente stellen musste, und verkündete dann, dass künftig jeder Beliebige die Pacht übernehmen dürfe, dass die Bürgen nur ein Drittel (des bisher verlangten Betrags) bereitstellen müssten und dass der Zuschlag danach gehe, wie viel ein jeder biete.

23 *Timotheos von Athen*

a Timotheos^E von Athen ließ, als er im Krieg gegen die Bürger von Olynthos^E unter Mangel an Silbergeld litt, Kupfer zu Münzen prägen^P und gab diese an die Soldaten aus. Als die Soldaten ungehalten waren, sagte er ihnen, dass alle Händler und Kaufleute^N alles ebenso verkaufen würden (als wäre es Silbergeld). Den Händlern hatte er zuvor gesagt, für jede Kupfermünze, die einer einnähme, könne er wieder Erzeugnisse des Landes und Teile der Kriegsbeute kaufen; was ihnen aber an Kupfer übrig bleibe, das sollten sie ihm abliefern und dafür Silber erhalten.

b περὶ Κέρκυραν δὲ πολεμῶν καὶ ἀπόρως διακείμενος καὶ τῶν στρατιωτῶν αἰτούντων τοὺς μισθοὺς καὶ ἀπειθούντων αὐτῷ καὶ πρὸς τοὺς ὑπεναντίους φασκόντων ἀποπορεύεσθαι, ἐκκλησίαν συναγαγὼν ἔφησεν οὐ δύνασθαι διὰ τοὺς χειμῶνας παραγενέσθαι αὐτῷ ἀργύριον, ἐπεὶ τοσαύτην εἶναι περὶ αὐτὸν εὐπορίαν, ὥστε τὴν προδεδομένην τριμήνου σιταρχίαν δωρεὰν αὐτοῖς διδόναι· οἱ [1350b] δὲ ὑπολαβόντες οὐκ ἄν ποτε προέσθαι τοσαῦτα χρήματα τὸν Τιμόθεον αὐτοῖς εἰ μὴ τῇ ἀληθείᾳ προσδόκιμα ἦν τὰ χρήματα πρὸς αὐτόν, ἡσυχίαν εἶχον ὑπὲρ τῶν μισθῶν ἕως ἐκεῖνος διῳκήσατο ἃ ἐβούλετο.

c Σάμον δὲ πολιορκῶν τοὺς καρποὺς καὶ τὰ ἐπὶ τῶν ἀγρῶν ἀπεδίδοτο αὐτοῖς τοῖς Σαμίοις, ὥστε εὐπόρησε χρημάτων εἰς μισθοὺς τοῖς στρατιώταις. τῶν τε ἐπιτηδείων ἐπεὶ σπάνις ἦν ἐν τῷ στρατοπέδῳ διὰ τοὺς εἰσαφικνουμένους, ἀπηγόρευσε μὴ πωλεῖν σῖτον ἀληλεσμένον μηδὲ μέτρον ἔλαττον ἢ μέδιμνον, μηδὲ τῶν ὑγρῶν μηθὲν ἔλαττον ἢ μετρητήν. οἱ μὲν οὖν ταξίαρχοί τε καὶ λοχαγοὶ ἀγοράζοντες ἀθρόα διεδίδοσαν τοῖς στρατιώταις, οἱ δὲ εἰσαφικνούμενοι ἦγον αὐτοῖς τὰ ἐπιτήδεια· ὁπότε δὲ ἀπαλλάττοιντο, εἴ τι περίλοιπον εἴη αὐτοῖς, ἐπώλουν, ὥστε συνέβαινεν εὐπορεῖσθαι τοὺς στρατιώτας τῶν ἐπιτηδείων.

24

a Δατάμης Πέρσης ἔχων στρατιώτας τὰ μὲν καθ᾿ ἡμέραν πορίζειν ἐδύνατο ἐκ τῆς πολεμίας αὐτοῖς, νόμισμα δὲ οὐκ ἔχων διδόναι, ἀπαιτούμενος δὲ χρόνου γενομένου οὗ ὤφειλε, τεχνάζει τοιόνδε. ἐκκλησίαν συναγαγὼν ἔφη οὐκ

b Als er bei Kerkyra Krieg führte[E] und an Geldmangel
litt und als die Soldaten ihren Sold einforderten und ihm
den Gehorsam verweigerten und ankündigten, sie würden
zu den Gegnern überlaufen,[T] berief er eine Versammlung[I]
ein und sagte, es könne wegen der Stürme kein Silbergeld
zu ihm herankommen, im Übrigen sei er so wohlhabend,
dass er ihnen die für die nächsten drei Monate (im Voraus)
gestellte Verpflegung umsonst überlasse. Jene aber glaubten, Timotheos werde ihnen wohl kaum so viel vorstre-
cken, wenn das Geld nicht wirklich zu erwarten wäre,
und hielten in Sachen Sold Ruhe, bis jener in Ordnung gebracht hatte, was er wollte.
c Als er (das von den Persern mit Unterstützung der
Oligarchen gehaltene) Samos belagerte,[E] verkaufte er den
Bürgern von Samos selbst die Früchte und die Felderträ-
ge, so dass er für die Besoldung seiner Soldaten wohlhabend genug war. Als dann aber in seinem Lager wegen
der Nachzügler[T] die Lebensmittel knapp wurden, verbot
er, gemahlenes Getreide in Einheiten von weniger als einem *medimnos*[O] zu verkaufen, bei flüssigen Nahrungsmitteln in Einheiten von weniger als einem *metretes*[O].
Die *taxiarchoi*[T] und *lochagoi*[T] kauften nun gemeinsam
ein und verteilten es an die Soldaten, die Nachzügler
aber mussten je für sich ihre Verpflegung (auf andere
Weise) heranschaffen, und wenn sie wieder abfuhren,
verkauften sie, was ihnen etwa übrig geblieben war; so
kam es dazu, dass die Soldaten an Verpflegung wohlhabend waren.

24 *Datames der Perser*
a Datames[E] der Perser (Satrap[G] von Kappadokien), der
Soldaten hatte, konnte die tägliche Verpflegung für sie aus
dem Feindesland beschaffen; da er aber kein Münzgeld
ausgeben konnte und er schon eine ganze Zeitlang um das
gebeten worden war, was er schuldete, kam er auf folgenden Trick. Er berief eine Versammlung[I] ein, sagte, dass er

ἀπορεῖσθαι χρημάτων, ἀλλ᾽ εἶναι αὐτῷ ἐν χωρίῳ τινί,
λέγων ἐν ᾧ εἴη, καὶ ἀναζεύξας ἐβάδιζεν ἐπ᾽ αὐτό. εἶτα, ὡς
ἐγγὺς τοῦ χωρίου ἐγένετο, προελθὼν εἰς αὐτὸ ἔλαβεν ἐκ
τῶν ἐνόντων ἱερῶν ὅσος ἐνῆν κοῖλος ἄργυρος· εἶτ᾽ ἐπι-
σκευάσας τὰς ἡμιόνους ὡς ἀγούσας ἀργύριον παραφαι-
νούσας τε ταῦτα ἐβάδιζεν. ἰδόντες δὲ οἱ στρατιῶται καὶ
νομίσαντες ἅπαντα εἶναι ἄργυρον τὰ ἀγόμενα, ἐθάρ-
ρησαν ὡς κομιούμενοι τὸν μισθόν. ὁ δὲ ἔφη δεῖν εἰς Ἀμισὸν ἐλθόντας ἐπισημήνασθαι· ἦν δ᾽ εἰς τὴν Ἀμισὸν ὁδὸς
πολλῶν τε ἡμερῶν καὶ χειμέριος. τὸν δὴ χρόνον τοῦτον
ἀπεχρᾶτο τῷ στρατοπέδῳ τὰ ἐπιτήδεια μόνον διδούς.
b τούς (τε) τεχνίτας τοὺς ἐν τῷ στρατοπέδῳ αὐτὸς εἶχε
καὶ τοὺς καπήλους τοὺς μεταβαλλομένους τι· ἄλλῳ δὲ
οὐκ ἦν οὔθενι οὔθὲν τούτων ποιεῖν.

25

a Χαβρίας Ἀθηναῖος Ταῷ τῷ Αἰγυπτίων βασιλεῖ ἐκ-
στρατεύοντι καὶ δεομένῳ χρημάτων συνεβούλευε τῶν τε
ἱερῶν τινα καὶ τῶν ἱερέων τὸ πλῆθος φάναι πρὸς τοὺς
ἱερεῖς δεῖν παραλυθῆναι διὰ τὴν δαπάνην. ἀκούσαντες
δὲ [1351a] οἱ ἱερεῖς καὶ τὸ ἱερὸν παρ᾽ αὐτοῖς ἕκαστοι
βουλόμενοι εἶναι καὶ εἶναι αὐτοὶ ἱερεῖς, ἐδίδοσαν χρήματα. ἐπεὶ δὲ παρὰ πάντων εἰλήφει, προστάξαι αὐτοῖς
ἐκέλευσεν εἰς μὲν τὸ ἱερὸν καὶ εἰς αὐτὸν τῆς δαπάνης ἧς
πρότερον ἐποιοῦντο τὸ δέκατον μέρος ποιεῖσθαι, τὰ δὲ
λοιπὰ αὐτῷ δανεῖσαι ἕως (ὁ) πόλεμος ὁ πρὸς βασιλέα

nicht an Geldmangel leide, sondern dass es ihm an einem bestimmten Ort zur Verfügung stehe, wobei er auch sagte, wo es sei. Dann ließ er anspannen und machte sich auf den Weg dorthin. Als er dann in der Nähe des Ortes war, fuhr er (allein) dorthin voraus und nahm aus den dort befindlichen Heiligtümern, was immer an WeihegabenᴷK aus hohl gearbeitetem Silber darin war;ˢ damit belud er dann die Maulesel, als ob sie – deutlich sichtbar – Silber schleppten, und machte sich auf den Weg. Die Soldaten sahen den Zug, glaubten, dass die ganze Last Silber sei, und fassten daher Mut in der Überzeugung, sie würden ihren Sold erhalten. Er aber sagte, man müsse erst nach Amisos, um es prägen zu lassen.ᴾ Der Marsch nach Amisos jedoch war viele Tage lang und durch Stürme beschwerlich. In dieser Zeit nutzte er das Heer aus und gab ihm nur die Verpflegung.ᵀ

b Die Handwerker im Heer beschäftigte er selbst, ebenso die Kleinhändlerᴺ, die irgendwelche Waren vertrieben.ᵀ Keinem anderen war es erlaubt, solche Tätigkeiten zu übernehmen (so dass die Einnahmen dem Datames zukamen).

25 *Chabrias von Athen*

a Chabriasᴱ von Athen gab dem Ägypterkönig Taos (Teos, Tachos)ᴱ, der mit einem Heer (gegen den Großkönigᴳ) auszog und Geld brauchte, den Rat, er solle zu den Priesternᴸ sagen, dass einige Heiligtümer und ein Großteil der Priesterstellen aufgelöst werden müssten wegen des Aufwands. Als die Priester dies hörten und alle wollten, dass das jeweilige Heiligtum bei ihnen bleibe und sie dort Priester seien, gaben sie ihm Geld. Als Taos dann von allen etwas bekommen hatte, hieß Chabrias ihn, ihnen aufzutragen, für das Heiligtum und für sich selbst nur noch den zehnten Teil von dem aufzuwenden, das sie bisher verbraucht hätten, ihm aber das Übrige zu leihen, bis der Krieg gegen den Großkönig beendet sei. Auch solle er be-

διαλυθῇ. ἀπ' οἰκίας δὲ ἑκάστης κελεῦσαι ἅπαντας εἰσενέγκαι τάξαντα ὃ δεῖ, καὶ ἀπὸ τοῦ σώματος ὡσαύτως. τοῦ
⟨δὲ⟩ σίτου τοῦ πωλουμένου χωρὶς τῆς τιμῆς διδόναι τὸν
πωλοῦντα καὶ ὠνούμενον ἀπὸ τῆς ἀρτάβης τὸν ὀβολόν.
ἀπὸ ⟨τε⟩ τῶν πλοίων καὶ ἐργαστηρίων καὶ τῶν ἄλλην τινὰ
ἐργασίαν παρεχόντων τῆς ἐργασίας μέρος τὸ δέκατον
κελεῦσαι ἀποτελεῖν.
b ἐκστρατεύειν δ' αὐτῷ μέλλοντι ἐκ τῆς χώρας, εἴ τίς τι
ἔχει ἄσημον ἀργύριον ἢ χρυσίον, κελεῦσαι ἐνέγκαι πρὸς
αὐτόν· ἐνεγκάντων δὲ τῶν πλείστων ἐκέλευσε τούτῳ μὲν
ἐκεῖνον χρᾶσθαι, τοὺς δὲ δανείσαντας συστῆσαι τοῖς
νομάρχαις ὥστ' ἐκ τῶν φόρων αὐτοῖς ἀποδοῦναι.

26

Ἰφικράτης Ἀθηναῖος Κότυος συναγαγόντος στρατιώτας ἐπόρισεν αὐτῷ χρήματα τρόπον τοιοῦτον. ἐκέλευσε
τῶν ἀνθρώπων ὧν ἦρχε προστάξαι κατασπεῖραι αὐτῷ
γῆν τριῶν μεδίμνων· τούτου δὲ πραχθέντος συνελέγη
σίτου πολὺ πλῆθος. καταγαγὼν οὖν ἐπὶ τὰ ἐμπόρια ἀπέδοτο καὶ εὐπόρησε χρημάτων.

27

Κότυς Θρᾷξ παρὰ Περινθίων ἐδανείζετο χρήματα εἰς
τοὺς στρατιώτας [συναγαγεῖν], οἱ δὲ Περίνθιοι οὐκ ἐδίδοσαν αὐτῷ. ἠξίωσεν οὖν αὐτοὺς ἄνδρας γε τῶν πολιτῶν
φρουροὺς δοῦναι εἰς χωρία τινά, ἵνα τοῖς ἐκεῖ στρατιώταις νῦν φρουροῦσι σχῇ ἀποχρήσασθαι. οἱ δὲ τοῦτο
ταχέως ἐποίησαν, οἰόμενοι τῶν χωρίων κύριοι ἔσεσθαι. ὁ
δὲ Κότυς τοὺς ἀποσταλέντας εἰς φυλακὴν ποιήσας τὰ

fehlen, dass alle Haushalte einen von ihm festzusetzenden Umlagebetrag[R] aufbrächten und ebenso jede Person (als Kopfsteuer[Q]); von dem verkauften Getreide sollten zusätzlich zum Kaufpreis der Verkäufer und der Käufer pro *artabe*[O] eine Obole[P] geben. Und er solle befehlen, dass von allen Schiffen, Werkstätten und allem, was sonst einen Gewinn aus Arbeit gewährte, ein Zehntel des Ertrags abgeführt werde.[Q]

b Wenn er aus dem Land losziehen wolle, so solle er befehlen, dass jeder, was immer er an ungeprägtem[P] Silber oder Gold habe, zu ihm bringe. Als die meisten dies gebracht hatten, hieß er ihn, dieses zu benutzen, die Gläubiger aber an die Bezirksverwalter[G] zu verweisen, so dass diese ihnen aus den Tributen[G] die Rückzahlung gaben. *(Siehe auch 37.)*

26 Iphikrates von Athen

Iphikrates[E] von Athen verschaffte, als Kotys[E] Soldaten anwarb, diesem auf folgende Weise Geld. Er hieß ihn, allen Menschen, über die er herrschte, aufzutragen, drei *medimnoi*[O] Getreide für ihn auszusäen. Nachdem man dies getan hatte, erntete man eine große Menge Getreide. Er brachte dieses nun an die Handelsplätze[N], verkaufte es und wurde so wohlhabend.

27 Kotys von Thrakien

Kotys[E] von Thrakien wollte bei den Bürgern von Perinthos Geld leihen für die Anwerbung von Soldaten. Die Bürger von Perinthos aber gaben es ihm nicht. Er verlangte also, dass sie aus der Bürgerschaft Männer als Wachen für bestimmte Plätze stellten, damit er die derzeit dort Wache haltenden Soldaten anders einsetzen könne. Das taten sie rasch, da sie glaubten, sie würden dann die Herrscher über die Plätze[I] sein. Kotys aber nahm die abgesandten Bürger in Gewahrsam, hieß sie, sich (von den Angehörigen) das Geld schicken zu lassen, das er sich bei ihnen

χρήματα αὐτοὺς ἐκέλευσεν ἀποσταλέντας, ἃ ἐδανείζετο
παρ' αὐτῶν, κομίσασθαι.

28

Μέντωρ Ῥόδιος Ἑρμείαν συλλαβὼν καὶ τὰ χωρία αὐτοῦ
κατασχὼν τοὺς ἐπιμελητὰς εἴασε κατὰ χώραν τοὺς ὑπὸ
τοῦ Ἑρμείου καθεστηκότας. ἐπεὶ δὲ ἐθάρρησάν τε
ἅπαντες καί, εἴ τί ποτ' ἦν αὐτοῖς ἀποκεκρυμμένον ἢ
ὑπεκκείμενον, μεθ' αὑτῶν εἶχον, συλλαβὼν αὐτοὺς πάντα παρείλετο ἃ εἶχον. [1351b]

29

a Μέμνων Ῥόδιος κυριεύσας Λαμψάκου δεηθεὶς χρημάτων ἐπέγραψε τοῖς πλουσιωτάτοις αὐτῶν πλῆθός τι
ἀργυρίου, τούτοις δὲ τὴν κομιδὴν ἔσεσθαι παρὰ τῶν ἄλλων πολιτῶν ἔφησεν. ἐπεὶ δὲ οἱ ἄλλοι πολῖται εἰσήνεγκαν,
ἐκέλευσε καὶ ταῦτα αὐτῷ δανεῖσαι [ἐν χρόνῳ] διειπά-
μενος ἐν ᾧ πάλιν αὐτοῖς ἀποδώσει.
b πάλιν τε δεηθεὶς χρημάτων ἠξίωσεν αὐτοὺς εἰσενέγκαι, κομίσασθαι δὲ ἐκ τῶν προσόδων· οἳ δ' εἰσήνεγκαν
ὡς διὰ ταχέων αὐτοῖς ἐσομένης τῆς κομιδῆς. ἐπεὶ δὲ καὶ αἱ
καταβολαὶ τῶν προσόδων παρῆσαν, ἔφησεν ἐπ' αὐτῷ
χρείαν εἶναι καὶ τούτων, ἐκείνοις δὲ ὕστερον ἀποδώσειν
σὺν τόκῳ.
c τῶν τε στρατευομένων παρ' αὐτῷ παρῃρεῖτο τὰς σιτ-
αρχίας καὶ τοὺς μισθοὺς ἓξ ἡμερῶν τὸν ἐνιαυτόν, φάσκων ταύταις ταῖς ἡμέραις οὔτε φυλακὴν αὐτοῖς οὐδεμίαν
οὔτε πορείαν οὔτε δαπάνην ποιεῖσθαι, τὰς ἐξαιρεσίμους
λέγων.
d τόν τε πρὸ τοῦ χρόνον διδοὺς τοῖς στρατιώταις τῇ
δευτέρᾳ τῆς νουμηνίας τὴν σιταρχίαν, τῷ μὲν πρώτῳ μηνὶ

leihen wollte, und sich dann (von den Angehörigen) wieder abholen zu lassen.

28 *Mentor von Rhodos*

Mentor[E] von Rhodos, der Hermeias[E] gefangen genommen und seine Plätze besetzt hatte, ließ die von Hermeias eingesetzten Finanzminister[G] an ihrem Platz. Als diese nun alle Zuversicht fassten und, was immer ein jeder versteckt oder beiseite geschafft hatte,[S] wieder bei sich hatten, ließ er sie ergreifen und nahm ihnen alles ab, was sie hatten.

29 *Memnon von Rhodos*

a Memnon[E] von Rhodos, der nach der Übernahme der Herrschaft über Lampsakos Geld brauchte, nahm von den Reichsten eine Anleihe über viel Silbergeld auf und sagte, die Rückzahlung würden sie von den anderen Bürgern bekommen. Als nun die anderen Bürger Umlagebeträge[R] aufbrachten, befahl er ihnen, ihm auch dieses Geld zu leihen, wobei er einen Zeitpunkt bestimmte, zu dem er es ihnen zurückzahlen werde.

b Als er wieder Geld brauchte, forderte er sie auf, Umlagebeträge[R] aufzubringen und die Rückzahlung aus den Staatseinkünften zu erwarten. Sie machten die Umlage, da sie meinten, dass ihnen die Rückzahlung in Bälde zuteil werde. Als aber die Zahlungen aus den Einkünften fällig waren, erklärte er, dass er auch dieses Geld jetzt benötige, doch werde er es jenen später mit Zins zurückgeben.

c Von den bei ihm beschäftigten Soldaten verlangte er die Verpflegung und den Sold[T] für sechs Tage pro Jahr, indem er sagte, an diesen Tagen hätten sie keine Wache zu halten, keinen Marsch zu unternehmen und keine Ausgaben zu tätigen; er meinte damit die »Ausnahmetage« (Schalttage, die das Sonnen- und das Mondjahr in Übereinstimmung bringen).

d In der Zeit davor hatte er den Soldaten am zweiten Tag nach dem Monatsersten die Verpflegung[T] gegeben, nun

παρέβη τρεῖς ἡμέρας, τῷ δ' ἐχομένῳ πέντε. τοῦτον δὲ τὸν
τρόπον προῆγεν, ἕως εἰς τὴν τριακάδα ἦλθεν.

30

a Χαρίδημος Ὠρείτης ἔχων τῆς Αἰολίδος τινὰ χωρία,
ἐπιστρατεύοντος ἐπ' αὐτὸν Ἀρταβάζου χρημάτων ἐδεῖτο εἰς τοὺς στρατιώτας. τὸ μὲν οὖν πρῶτον εἰσέφερον
αὐτῷ, εἶτα οὐκέτι ἔφασαν ἔχειν. ὁ δὲ Χαρίδημος, ὃ ᾤετο
χωρίον εὐπορώτατον εἶναι, ἐκέλευσεν [καὶ] εἴ τι νόμισμα
ἔχουσιν ἢ τι ἄλλο σκεῦος ἀξιόλογον, εἰς ἕτερον χωρίον
ἀποστέλλειν, παραπομπὴν δὲ δώσειν· ἅμα δὲ καὶ αὐτὸς
τοῦτο ποιῶν φανερὸς ἦν. πεισθέντων δὲ τῶν ἀνθρώπων,
προαγαγὼν αὐτοὺς τῆς πόλεως μικρὸν καὶ ἐρευνήσας ἃ
εἶχον, ἔλαβεν ὅσων ἐδεῖτο, ἐκείνους δὲ πάλιν εἰς τὸ
χωρίον ἀπῆγεν.
b κήρυγμά τε ποιησάμενος ἐν ταῖς πόλεσιν ὧν ἦρχε,
μηδένα μηδὲν ὅπλον κεκτῆσθαι ἐν τῇ οἰκίᾳ, εἰ δὲ μή,
ἀποτείσειν ἀργύριον ὃ ἐπεκήρυξεν, ἠμέλει καὶ οὐδεμίαν
ἐπιστροφὴν ἐποιεῖτο. τῶν δὲ ἀνθρώπων οἰομένων τὸ
κήρυγμα μάτην αὐτὸν πεποιῆσθαι, εἶχον ἃ ἔτυχον ἕκαστοι κεκτημένοι κατὰ χώραν. ὁ δ' ἔρευναν ἐξαίφνης ποιησάμενος τῶν οἰκιῶν, παρ' οἷς εὗρεν ὅπλον τι, ἐπράττετο
τὸ ἐπιτίμιον.

31

Φιλόξενός τις Μακεδὼν Καρίας σατραπεύων δεηθεὶς
χρημάτων Διονύσια ἔφασκε μέλλειν ἄγειν καὶ χοραγοὺς
[1352a] προέγραψε τῶν Καρῶν τοὺς εὐπορωτάτους καὶ

aber ließ er beim ersten Monat drei Tage verstreichen, beim darauf folgenden fünf; auf diese Weise ging er weiter, bis er zum Monatsletzten kam.

30 *Charidemos von Oreos*

a Charidemos[E] von Oreos, der bestimmte Plätze in der Aiolis innehatte, brauchte, als (der persische Satrap) Artabazos[E] gegen ihn einen Feldzug unternahm, Geld für die Soldaten. Zuerst brachten die Bewohner für ihn eine Umlage[R] auf, dann aber sagten sie, dass sie nichts mehr hätten. Charidemos aber befahl, von dem Platz, den er für den wohlhabendsten hielt, sofern sie dort noch Geld oder sonst eine nennenswerte Gerätschaft hätten,[S] dies an einen anderen Platz bringen zu lassen; er werde dafür ein Geleit stellen. Zugleich sah es auch so aus, dass er dies selbst tue. Als die Menschen sich überreden ließen, führte er sie ein wenig vor die Polis, durchsuchte alles, was sie hatten, nahm, was er brauchte, und führte jene wieder zu dem Platz zurück.

b Auch machte er in den Poleis, über die er herrschte, eine Ankündigung, dass niemand irgendeine Waffe im Haus haben dürfe; andernfalls müsse der Besitzer eine Strafsumme zahlen, deren Höhe er verkündete.[S] Dann kümmerte er sich nicht mehr darum und schenkte dem keinerlei Beachtung mehr. Als die Menschen glaubten, dass er die Ankündigung nicht ernst gemeint habe, hatte ein jeder im Land wieder das (an Waffen), was er sich erworben hatte. Er aber ließ plötzlich eine Durchsuchung der Häuser durchführen und trieb von denen, bei denen er irgendeine Waffe fand, die Strafsumme ein.

31 *Philoxenos von Makedonien, Satrap von Karien*

Ein gewisser Philoxenos[E] von Makedonien, der Satrap[G] (Alexandros' des Großen) von Karien, brauchte Geld. Er verkündete deshalb, dass er Dionysien[K] abhalten wolle, ließ die Wohlhabendsten der Karer als *choregoi*[R] registrie-

προσέταττεν αὐτοῖς ἃ δεῖ παρασκευάζειν. ὁρῶν δ᾽
αὐτοὺς δυσχεραίνοντας ὑποπέμπων τινὰς ἠρώτα τί
βούλονται δόντες ἀπαλλαγῆναι τῆς λειτουργίας. οἱ δὲ
πολλῷ πλέον ἢ ὅσον ᾤοντο ἀναλώσειν ἔφασαν δώσειν
τοῦ μὴ ὀχλεῖσθαι καὶ ἀπὸ τῶν ἰδίων ἀπεῖναι. ὁ δὲ παρὰ
τούτων λαβὼν ὃ ἐδίδοσαν, ἑτέρους κατέγραψεν, ἕως
ἔλαβε ⟨καὶ⟩ παρὰ τούτων, ἃ ἠβούλετο καὶ προσῆν παρ᾽
ἑκάστοις.

32

Εὐαίσης Σύρος Αἰγύπτου σατραπεύων ἀφίστασθαι μελ-
λόντων τῶν νομαρχῶν ἀπ᾽ αὐτοῦ αἰσθόμενος, καλέσας
αὐτοὺς εἰς τὰ βασίλεια ἐκρέμασεν ἅπαντας, πρὸς δὲ τοὺς
οἰκείους ἐκέλευσε λέγειν ὅτι ἐν φυλακῇ εἰσιν. ἕκαστος
οὖν τῶν οἰκείων ἔπραττον ὑπὲρ ἑκάστου καὶ χρημάτων
ἐξεωνοῦντο τοὺς συνειλημμένους. ὁ δὲ διομολογησάμε-
νος ὑπὲρ ἑκάστου καὶ λαβὼν τὰ ὁμολογηθέντα ἀπέδωκεν ἑκάστοις τὸν νεκρόν.

33

a Κλεομένης Ἀλεξανδρεὺς Αἰγύπτου σατραπεύων λιμοῦ
γενομένου ἐν μὲν τοῖς ἄλλοις τόποις σφόδρα, ἐν Αἰγύπτῳ
δὲ μετρίως, ἀπέκλεισε τὴν ἐξαγωγὴν τοῦ σίτου. τῶν δὲ
νομαρχῶν φασκόντων οὐ δυνήσεσθαι τοὺς φόρους ἀποδοῦναι τῷ μὴ ἐξάγεσθαι τὸν σῖτον, ἐξαγωγὴν μὲν ἐποίησε, τέλος δὲ πολὺ τῷ σίτῳ ἐπέβαλεν, ὥστε συνέβαινεν
αὐτῷ [εἰ μὴ] ἐξαγομένου ὀλίγου πολὺ τέλος λαμβάνειν,
αὐτούς τε [νομάρχας] πεπαῦσθαι τῆς προφάσεως.
b διαπλέοντος δ᾽ αὐτοῦ τὸν νομόν, οὗ ἐστι θεὸς ὁ κροκό-
δειλος ἡρπάσθη τις τῶν παίδων αὐτοῦ. καλέσας οὖν

ren und hieß sie alles Erforderliche herrichten. Als er sah, dass sie darüber entrüstet waren, schickte er heimlich ein paar Leute aus und fragte, was sie dafür zahlen wollten, damit sie von dieser Liturgie[R] befreit würden. Jene erklärten, sie würden viel mehr als das zahlen, was sie an Aufwendungen erwarteten, wenn sie dafür nicht belastet und von ihren eigenen Aufgaben abgehalten würden. Er aber nahm von diesen, was sie ihm gaben, und bestellte andere, bis er von ihnen bekam, was er wollte und was bei jedem vorhanden war.

32 *Euaises von Syrien, Satrap von Ägypten*

Euaises[E] von Syrien, der Satrap[G] (Alexandros' des Großen) von Ägypten, lud, als er merkte, dass die Bezirksverwalter[G] von ihm abfallen wollten, diese in den Palast ein und ließ sie alle erhängen. Er befahl aber, dass man ihren Hausgenossen (Angehörigen)[I] sage, jene seien nur in Gewahrsam genommen worden. Alle Hausgenossen setzten sich nun jeweils ein und wollten die Gefangenen mit Geld freikaufen. Als er jedoch für jeden eine Übereinkunft getroffen und das vereinbarte Geld erhalten hatte, gab er jedem den Leichnam.

33 *Kleomenes von Alexandreia, Satrap von Ägypten*

a Kleomenes[E] von Alexandreia, der Satrap[G] (Alexandros' des Großen) von Ägypten, untersagte, als in den übrigen Gegenden eine heftige, in Ägypten nur eine mäßige Hungersnot ausgebrochen war, die Ausfuhr von Getreide. Als die Bezirksverwalter[G] ihm nun erklärten, sie könnten die Tribute[G] nicht mehr abliefern, weil kein Getreide mehr ausgeführt werde, ließ er die Ausfuhr zu, belegte aber das Getreide mit einem hohen Zoll[Q], so dass er, obwohl nur wenig ausgeführt wurde, viel Zoll erhielt, zugleich aber sie selbst keine Ausrede mehr hatten.

b Als er zu Schiff durch einen Bezirk[G] fuhr, in dem das Krokodil ein Gott[L] ist, wurde ihm einer seiner jungen

τοὺς ἱερεῖς ἔφη πρότερος ἀδικηθεὶς ἀμύνεσθαι τοὺς
κροκοδείλους, καὶ προσέταξε θηρεύειν αὐτούς. οἱ δὲ ἱερεῖς, ἵνα μὴ ὁ θεὸς αὐτῶν καταφρονηθῇ, συναγαγόντες
ὅσον ἠδύναντο χρυσίον ἔδοσαν αὐτῷ καὶ οὕτως ἐπαύ-
σατο.

c Ἀλεξάνδρου ⟨τε⟩ τοῦ βασιλέως ἐντειλαμένου αὐτῷ οἰ-
κίσαι πόλιν πρὸς τῇ Φάρῳ καὶ τὸ ἐμπόριον τὸ πρότερον
ὂν ἐπὶ τοῦ Κανώβου ἐνταῦθα ποιῆσαι, καταπλεύσας εἰς
τὸν Κάνωβον πρὸς τοὺς ἱερεῖς καὶ τοὺς κτήματα ἔχοντας
ἐκεῖ ἐπὶ τούτῳ ἥκειν ἔφη ὥστε μετοικίσαι αὐτούς. οἱ ⟨δὲ⟩
ἱερεῖς καὶ οἱ κάτοικοι εἰσενέγκαντες χρήματα ἔδωκαν ἵν'
ἐᾷ κατὰ χώραν αὐτοῖς τὸ ἐμπόριον. ὃ δὲ λαβὼν τότε μὲν
ἀπηλλάγη, εἶτα δὲ καταπλεύσας, ἐπεὶ ἦν εὐτρεπῆ αὐτῷ
τὰ πρὸς τὴν οἰκοδομίαν, [1352b] ᾔτει αὐτοὺς χρήματα
ὑπερβάλλων τῷ πλήθει· τοῦτο γὰρ αὐτῷ τὸ διάφορον
εἶναι, τὸ αὐτοῦ εἶναι τὸ ἐμπόριον καὶ μὴ ἐκεῖ. ἐπεὶ δ' οὐκ
ἂν ἔφασαν δύνασθαι δοῦναι, μετῴκισεν αὐτούς.

d ἀποστείλας τέ τινα ἐπ' ἀγοράσματα καὶ αἰσθόμενος
ὅτι εὐώνων ἐπιτετύχηκεν, αὐτῷ δὲ μέλλει ἐκτετιμημένα
λογίζεσθαι, πρὸς τοὺς συνήθεις τοῦ ἀγοραστοῦ ἔλεγεν
ὅτι ἀκηκοὼς εἴη τὰ ἀγοράσματα αὐτὸν ὑπέρτιμα ἠγο-
ρακέναι· αὐτὸς οὖν [οὐ] προσέξειν· καὶ ἅμα τὴν ἀβελτε-
ρίαν αὐτοῦ ἐλοιδόρει μετ' ὀργῆς προσεποιητό. οἳ δὲ
ταῦτα ἀκούοντες οὐκ ἔφασαν δεῖν πιστεύειν αὐτὸν τοῖς
λέγουσί τι κατ' ἐκείνου, ἕως αὐτὸς παραγενόμενος τὸν
λόγον αὐτῷ δῷ. ἀφικομένου δὲ τοῦ ἀγοραστοῦ ἀπήγ-
γειλαν αὐτῷ τὰ παρὰ τοῦ Κλεομένους· ὃ δ' ἐκείνοις τε
βουλόμενος ἐνδείξασθαι καὶ τῷ Κλεομένει, ἀνήνεγκε τὰς
τιμὰς ὧνπερ ἦν ἠγορακώς.

Sklaven geraubt. Er berief nun die Priester ein und sagte, er sei zuerst geschädigt worden und müsse sich gegen die Krokodile wehren; und er gab den Befehl, die Tiere zu jagen. Daraufhin brachten die Priester, damit nicht gegen ihren Gott gefrevelt werde, so viel Geld zusammen, wie sie konnten, und gaben es ihm, und so ließ er davon ab.

c Als König Alexandros ihm aufgetragen hatte, eine Polis bei Pharos zu gründen und den Handelsplatz[N], der vorher am Kanobos (dem westlichsten Mündungsarm des Nil) war, dorthin zu verlegen, fuhr er zunächst in den Kanobos ein und sagte den Priestern[L] und denen, die dort Grundbesitz hatten, er sei zu dem Zweck gekommen, sie umzusiedeln. Die Priester und Grundbesitzer aber brachten Umlagebeträge[R] auf und gaben ihm das Geld, damit er ihnen den Handelsplatz in ihrem Land belasse. Er nahm das Geld und entfernte sich erst einmal; dann aber fuhr er wieder hinein, als alles für die neue Siedlung bereit war, und forderte von ihnen Geld, wobei er den Betrag übertrieb; es sei nämlich für ihn der eigentliche Streitpunkt, ob der Handelsplatz hier bleiben oder an jenen anderen Ort verlegt werden solle. Als sie erklärten, dass sie diesen Betrag nicht geben könnten, siedelte er sie um.

d Als er einmal jemanden zum Einkaufen geschickt hatte und nun bemerkte, dass jener billig eingekauft hatte, ihm aber den vollen Preis in Rechnung stellen wollte, sagte er zu den Vertrauten des Einkäufers, dass er gehört habe, jener habe die Einkäufe für einen überhöhten Preis getätigt; er werde sich nun selbst darum kümmern; zugleich schimpfte er mit vorgespieltem Zorn über dessen Dummheit. Diese aber hörten es und sagten, er dürfe nicht denen vertrauen, die etwas gegen jenen sagen, bevor jener nicht selbst anwesend sein und vor ihm Rechenschaft ablegen könne. Als der Einkäufer ankam, erzählten sie, was sie von Kleomenes gehört hatten. Er wollte sich jenen und Kleomenes gefällig zeigen und lieferte die Ware dem Kleomenes zu den Preisen ab, zu denen er eingekauft hatte.

e τοῦ τε σίτου πωλουμένου ἐν τῇ χώρᾳ δεκαδράχμου,
καλέσας τοὺς ἐργαζομένους ἠρώτησε πῶς βούλονται
αὐτῷ ἐργάζεσθαι· οἳ δ' ἔφασαν ἐλάττονος ἢ ὅσου ἂν τοῖς
ἐμπόροις ἐπώλουν. ὃ δ' ἐκείνους μὲν ἐκέλευσεν αὐτῷ
παραδιδόναι ὅσουπερ ἐπώλουν τοῖς ἄλλοις, αὐτὸς δὲ
τάξας τριάκοντα καὶ δύο δραχμὰς τοῦ σίτου τιμὴν οὕτως
ἐπώλει.

f τούς τε ἱερεῖς καλέσας ἔφησε πολὺ τὸ ἀνάλωμα ἐν τῇ
χώρᾳ γίνεσθαι εἰς τὰ ἱερά· δεῖν οὖν καὶ τῶν ἱερῶν τινα
καὶ τῶν ἱερέων τὸ πλῆθος καταλυθῆναι. οἱ δὲ ἱερεῖς καὶ
ἰδίᾳ ἕκαστος καὶ κοινῇ τὰ ἱερὰ χρήματα ἐδίδοσαν, οἰόμε-
νοί τε αὐτὸν τῇ ἀληθείᾳ τοῦτο ποιεῖν καὶ ἕκαστος
βουλόμενος τό τε ἱερὸν τὸ αὑτοῦ εἶναι κατὰ χώραν καὐ-
τὸς ἱερεύς.

34

a Ἀντιμένης Ῥόδιος ἡμιόλιος γενομένου Ἀλεξάνδρου
περὶ Βαβυλῶνα ἐπόρισε χρήματα ὧδε. νόμου ὄντος ἐν
Βαβυλωνίᾳ παλαιοῦ δεκάτην εἶναι τῶν εἰσαγομένων,
χρωμένου δὲ αὐτῷ οὐθενός, τηρήσας τούς τε σατράπας
ἅπαντας προσδοκίμους ὄντας καὶ στρατιώτας οὐκ ὀλί-
γους [τε] καὶ πρέσβεις καὶ τεχνίτας κλητοὺς ἄλλους
[τοὺς] ἄγοντας καὶ ἰδίᾳ ἀποδημοῦντας, καὶ δῶρα πολλὰ
ἀναγόμενα, τὴν δεκάτην ἔπραττε κατὰ τὸν νόμον τὸν κεί-
μενον.

b πάλιν τε πορίζων τἀνδράποδα τὰ ἐπὶ στρατοπέδῳ
ὄντα ἐκέλευσε τὸν βουλόμενον ἀπογράφεσθαι ὁπό-
σου θέλει, τελεῖν δὲ τοῦ ἐνιαυτοῦ ὀκτὼ δραχμὰς ἀποτῖσαι,
ἂν δὲ ἀποδρᾷ τὸ ἀνδράποδον, κομίζεσθαι τὴν τιμὴν

e Als das Getreide im Land für zehn Drachmen[P] verkauft wurde, berief er die Erzeuger ein und fragte sie, um wie viel sie es für ihn erzeugen würden. Sie nannten einen (sogar) geringeren Preis als den, für den sie es den Händlern[N] verkauften. Er aber befahl ihnen, es ihm zu demselben Preis zu verkaufen wie den anderen, setzte dann aber selbst als Getreidepreis zweiunddreißig Drachmen fest und verkaufte dafür.

f Die Priester[L] berief er ein und erklärte, der Aufwand für die Heiligtümer im Land sei zu hoch; es müssten nun manche Heiligtümer und eine Vielzahl von Priesterstellen aufgelöst werden. Die Priester gaben ihm nun jeder für sich und auch zusammen die heiligen Gelder, weil sie glaubten, er wolle dies wirklich tun, und weil jeder wollte, dass das Heiligtum bei ihm im Land sei und er selbst Priester bleibe.

(Siehe auch 39.)

34 *Antimenes von Rhodos*

a Antimenes von Rhodos, ein *hemiolios* (hoher Militär)[T], brachte, als Alexandros bei Babylon war, Geld auf folgende Weise heran: In Babylonien gab es ein altes Gesetz, demzufolge (als Zoll)[Q] ein Zehntel für die Einfuhren zu zahlen sei, das aber von niemandem mehr beachtet wurde; er beobachtete nun, dass alle Satrapen[G] erwartet wurden und nicht wenige Soldaten, Gesandte und herbeigerufene Handwerker, die wieder andere mit sich brachten, dazu Einzelreisende, und dass viele Geschenke mitgebracht wurden, und trieb nun den Zehnten gemäß dem bestehenden Gesetz ein.

b Als er wieder Geld beschaffen wollte, befahl er, dass jeder, der wolle, die Sklaven[T] im Heer registrieren lassen könne, und zwar für jeden gewünschten Wert, und (als Versicherungsprämie)[S] pro Jahr acht Drachmen[P] zahlen müsse; wenn der Sklave dann fortlaufe, müsse (der Sklavenherr) den Betrag erhalten, mit dem er den Sklaven habe

[1353a] ἧς ἀνεγράψατο. ἀπογραφέντων οὖν πολλῶν
ἀνδραπόδων οὐκ ὀλίγον συνετέλει ἀργύριον. εἰ δέ τι
ἀποδραίη ἀνδράποδον, ἐκέλευε τὸν σατράπην τῆς ⟨γῆς⟩
ἐν ᾗ ἐστι τὸ στρατόπεδον, ἀνασῴζειν ⟨ἢ⟩ τὴν τιμὴν τῷ
κυρίῳ ἀποδοῦναι.

35
Ὀφέλας Ὀλύνθιος καταστήσας ἐπιμελητὴν εἰς τὸν νο-
μὸν τὸν Ἀθριβίτην, ἐπεὶ προσελθόντες αὐτῷ οἱ νόμαρχοι
οἱ ἐκ τοῦ τόπου τούτου ἔφασαν βούλεσθαι πλείω αὐτοὶ
πολὺ φέρειν, τὸν δ' ἐπιμελητὴν τὸν νῦν καθεστηκότα
ἀπαλλάξαι αὐτὸν ἠξίουν, ἐπερωτήσας αὐτοὺς εἰ δυνή-
σονται συντελεῖν ἅπερ ἐπαγγέλλονται, φησάντων αὐτῶν,
τὸν μὲν ἐπιμελητὴν κατὰ χώραν εἴα, τοὺς δὲ φόρους
πράττεσθαι ἐκέλευεν οὓς αὐτοὶ ὑπετιμήσαντο. οὔτε οὖν
ὃν κατέστησεν ἀτιμάσαι ἐδόκει οὔτ' ἐκείνοις πλείους
φόρους ἐπιβαλεῖν ἢ αὐτοὶ ἐτάξαντο, χρήματα δὲ πολ-
λαπλάσια αὐτὸς ἐλάμβανεν.

36
Πυθοκλῆς Ἀθηναῖος Ἀθηναίοις συνεβούλευσε τὸν μό-
λυβδον τὸν ἐκ τῶν Λαυρείων παραλαμβάνειν παρὰ τῶν
ἰδιωτῶν τὴν πόλιν, ὥσπερ ἐπώλουν, δίδραχμον, εἶτα τά-
ξαντας αὐτοὺς τιμὴν ἑξαδράχμου οὕτω πωλεῖν.

registrieren lassen. Da nun viele Sklaven registriert wurden, kam (durch die Versicherungsprämie) nicht wenig Silbergeld herein. Wenn aber tatsächlich ein Sklave fortlief, dann befahl er dem Satrapen[G] des ⟨Landes⟩, in dem das Heer lag, ihn lebend zurückzubringen oder aber dem Sklavenherrn den (registrierten) Betrag auszuzahlen. *(Siehe auch 38.)*

35 *Ophellas von Olynthos*

Ophellas von Olynthos hatte einen Finanzminister[G] in den (ägyptischen) Bezirk[G] Athribes eingesetzt; nun kamen die Bezirksverwalter[G] aus dieser Gegend zu ihm und erklärten, sie seien gewillt, noch viel mehr zu bezahlen, baten ihn aber, er solle dafür den jetzt eingesetzten Finanzminister entfernen. Er fragte sie, ob sie überhaupt in der Lage seien, das zu bezahlen, was sie versprechen, und als sie dies bejahten, beließ er den Finanzminister trotzdem im Land und hieß ihn die Tribute[G] eintreiben, die sie selbst geschätzt hatten. Er hatte beschlossen, weder denjenigen, den er eingesetzt hatte, abzusetzen noch jenen mehr Abgaben aufzuerlegen, als sie selbst veranschlagt hätten, und so erhielt er selbst den vielfachen Betrag.

36 *Pythokles von Athen*

Pythokles von Athen riet den Bürgern von Athen, dass die Polis das Blei aus den Bergwerken in Laurion[Q] von den Einzelpersonen zu dem Preis übernehmen solle, für den sie es verkauften, nämlich zwei Drachmen[P], dass sie dann aber den Preis festsetzen und es so für sechs Drachmen verkaufen solle.

37

Χαβρίας πληρωμάτων τε κατειλεγμένων εἰς ἑκατὸν καὶ εἴκοσι ναῦς, τῷ δὲ Ταῷ ἑξήκοντα μόνον οὐσῶν χρείας, προστάξαι τοῖς ἐκ τῶν ἑξήκοντα νεῶν αὐτοῦ τῶν ὑπομενουσῶν τοὺς πλέοντας εἰς δίμηνον σιτηρεσιάσαι ἢ αὐτοὺς πλεῖν. οἱ δὲ βουλόμενοι ἐπὶ τῶν ἰδίων εἶναι ἔδωκαν ἃ προσέταξεν.

38

Ἀντιμένης τούς τε θησαυροὺς τοὺς παρὰ τὰς ὁδοὺς τὰς βασιλικὰς ἀναπληροῦν ἐκέλευε τοὺς σατράπας κατὰ τὸν νόμον τὸν τῆς χώρας· ὁπότε δὲ διαπορεύοιτο στρατό-πεδον ἢ ἕτερος ὄχλος ἄνευ τοῦ βασιλέως, πέμψας τινὰ παρ' αὐτοῦ ἐπώλει τὰ ἐκ τῶν θησαυρῶν. [1353b]

39

Κλεομένης προσπορευομένης τε τῆς νουμηνίας καὶ δέον τοῖς στρατιώταις σιταρχίαν δοῦναι, κατέπλευσεν ἐξεπί-τηδες· προπορευομένου δὲ τοῦ μηνὸς ἀναπλεύσας διέ-δωκε τὴν σιταρχίαν, εἶτα τοῦ εἰσιόντος μηνὸς διέλιπεν ἕως τῆς νουμηνίας. οἱ μὲν οὖν στρατιῶται διὰ τὸ νεωστὶ εἰληφέναι τὴν σιταρχίαν ἡσυχίαν εἶχον, ἐκεῖνος δὲ παρ-αλλάξας ἕνα μῆνα παρὰ τὸν ἐνιαυτὸν ἀφῄρει μισθὸν ἀεὶ μηνός.

40

Σταβέλβιος ὁ Μυσῶν ⟨στρατηγὸς ὀφείλων⟩ στρατιώταις μισθὸν συγκαλέσας ⟨τοὺς ἡγεμόνας⟩ ἔφησεν αὐτῷ τῶν μὲν ἰδιωτῶν οὐδεμίαν χρείαν εἶναι, τῶν δὲ ἡγεμόνων,

37 *Nachtrag zu Chabrias (25)*
Chabrias: Als Besatzungen für hundertzwanzig Schiffe[T]
angeworben worden waren, bei Taos[E] aber nur Bedarf für
sechzig bestand, (riet er ihm,) er solle den Besatzungen auf
den sechzig zurückbleibenden Schiffen anordnen, die aus-
fahrenden für zwei Monate zu verproviantieren oder aber
selbst zu fahren. Die wollten lieber auf ihren eigenen
Schiffen bleiben und gaben, was er angeordnet hatte.

38 *Nachtrag zu Antimenes (34)*
Antimenes: Die Vorratshäuser an den Königsstraßen[G] auf-
zufüllen befahl er den Satrapen[G] nach dem Gesetz des
Landes; so oft nun ein Heer oder sonst eine Abteilung
ohne den König (Alexandros) durchzog, schickte er einen
seiner Leute und verkaufte die Ware aus den Vorratshäu-
sern.

39 *Nachtrag zu Kleomenes (33)*
Kleomenes: Wenn der Monatserste nahte und es notwen-
dig wurde, den Soldaten das Verpflegungsgeld[T] zu geben,
reiste er absichtlich fort; wenn der Monat dann schon
fortgeschritten war, kehrte er zurück und zahlte das Verpflegungsgeld aus, dann ließ er im folgenden Monat die
Zeit bis zum (übernächsten) Monatsersten verstreichen.
Die Soldaten hielten Ruhe, da sie ja vor nicht langer Zeit
Verpflegungsgeld erhalten hatten, jener aber überschlug so
einen Monat pro Jahr und brachte sie um den Sold eines
Monats.

40 *Zu Stabelbios*
Stabelbios, ⟨Feldherr⟩ der Myser, ⟨schuldete⟩ den Soldaten
Sold, berief die ⟨Söldnerführer[T]⟩ ein und erklärte, für die
Einzelpersonen (die einfachen Soldaten) gebe es bei ihm

ὅταν ⟨δὲ⟩ δέηται στρατιωτῶν, ἐκείνων ἑκάστῳ δοὺς
ἀργύριον ἀποστέλλειν ἐπὶ ξενολογίαν, τούς τε μισθοὺς
οὓς δεῖ ἐκείνοις δοῦναι τοῖς ἡγεμόσιν ἂν ἥδιον διδόναι·
ἐκέλευσεν οὖν αὐτοὺς ἀποστέλλειν ἕκαστον τοὺς αὑτῶν
καταλόγους ἐκ τῆς χώρας. τῶν δὲ ἡγεμόνων ὑπολαβόν-
των χρηματισμὸν αὑτοῖς ἔσεσθαι, ἀπέστειλαν τοὺς στρατιώτας, καθάπερ ἐκεῖνος προσέταξε. διαλιπὼν δὲ ὀλίγον
χρόνον καὶ συναγαγὼν αὐτοὺς οὔτε αὐλητὴν ἄνευ χοροῦ
οὔτε ἡγεμόνας ἄνευ ἰδιωτῶν οὐδὲν ἔφη χρησίμους εἶναι·
ἐκέλευεν οὖν αὐτοὺς ἀπαλλάττεσθαι ἐκ τῆς χώρας.

41

Διονύσιος τά ⟨τε⟩ ἱερὰ περιπορευόμενος, εἰ μὲν τράπεζαν
ἴδοι παρακειμένην χρυσῆν ἢ ἀργυρᾶν, ἀγαθοῦ δαίμονος
κελεύσας ἐγχέαι ἐκέλευεν ἀφαιρεῖν· ὅσα δὲ τῶν ἀγαλμάτων φιάλην εἶχε προτετακότα, εἴπας ἂν ὅτι δέχομαι, ἐξαι-
ρεῖν ἐκέλευε, [τὰ ἱμάτια] τά τε χρυσᾶ [καὶ τοὺς στεφά-
νους] περιήρει τῶν ἀγαλμάτων φάσκων αὐτὸς καὶ κου-
φότερα καὶ εὐωδέστερα δοῦναι· εἶτα ἱμάτια μὲν λευκά,
στεφάνους δὲ λευκίνους περιετίθει.

keinen Bedarf mehr, für die Söldnerführer hingegen
durchaus: Wenn er aber wieder Soldaten brauche, werde
er jedem von ihnen Geld geben und sie zur Anwerbung
von Söldnern aussenden; die Soldbeträge[T] dagegen, die er
jenen geben müsse, würde er viel lieber den Söldnerführern geben. Er forderte sie also auf, jeder solle die von ihm
angeworbenen Soldaten aus dem Land fortschicken. Die
Söldnerführer nahmen an, dass hier für sie eine Gewinn-
möglichkeit bestehe, und schickten die Soldaten fort, wie
er es ihnen aufgetragen hatte. Nachdem er ein wenig Zeit
hatte verstreichen lassen, berief er sie wieder und sagte,
weder sei ein *aulos*-Spieler ohne Chor[K] noch seien Söldnerführer ohne einfache Soldaten zu etwas nütze; er befahl
ihnen also, sich aus dem Land zu entfernen.

41 *Nachtrag zu Dionysios (20)*
Dionysios: Als er die Heiligtümer[K] bereiste, befahl er,
wenn er dort einen goldenen oder silbernen Tisch bemerkte, dem Agathos Daimon[K] einzuschenken und den
Tisch mitzunehmen. Zu jeder Statue[K], die in der ausge-
streckten Hand eine *phiale* (Opferschale) hielt, sagte er
»die nehme ich an« und befahl, sie ihr abzunehmen. Von
den Statuen nahm er die Goldverkleidungen ab[K] und erklärte, er selbst werde ihnen Leichteres und Duftigeres geben; dann legte er ihnen weiße (statt goldener) Kleider an
und setzte ihnen Kränze aus Weißpappelzweigen (statt aus
Gold) auf.

Editorische Notiz

Der Text folgt der Ausgabe:

Aristote: Économique. Hrsg. von B. A. van Groningen und A. Wartelle. Paris 1968.

Abweichend davon steht I 6 nicht ἐγκλημάτων, sondern (mit Spengel 1868) κτημάτων, II 3a sind die Lücken nach Susemihl 1887 ergänzt. II 14b nehme ich keine Lücke an, da sich der Text durch die Praxis der Steuerpacht erklärt. II 15 steht nicht das überlieferte ἀδικίας τούτοις, sondern (mit Engelmann 1977) ἀδικάστους, und die Lücke wird mit van Groningen 1933 ergänzt, ebenso II 20h. II 31 am Ende folgt Susemihl 1887, II 33a die Tilgung Bekker 1831, II 34 a und b sowie 39 und 40 wieder Susemihl (teils nach älteren Vorschlägen).

Die Paginierung der Ausgabe von Bekker, nach der man Aristoteles-Belege anführt, ist im griechischen Text in eckigen Klammern notiert. Hier stehen notwendige Tilgungen (die nicht übersetzt werden) in eckigen Klammern, (mitübersetzte) Ergänzungen in spitzen Klammern. In der Übersetzung kennzeichnen runde Klammern verdeutlichende Ergänzungen.

Literaturhinweise

Editionen

Aristotelis opera. Hrsg. von I. Bekker. Bd. 2. Berlin 1831. [1345b–1353b.]

Aristotelis quae feruntur Oeconomica. Hrsg. von F. Susemihl. Leipzig 1887.

Aristote: Le second livre de l'Économique. Hrsg. von B. A. van Groningen. Leiden 1933. [Dazu die Rezensionen von A. Andreades, in: *Praktika Akademias Athenon* 9 (1934) 293–294, und von A. Passerini, in: *Gnomon* 12 (1936) 142–145.]

Aristote: Économique. Hrsg. von B. A. van Groningen und A. Wartelle. Paris 1968. [Dazu die Rezensionen von P. Thillet, in: *Revue des Études Grecques* 82 (1969) 563–589, von M. I. Finley, in: *Classical Review* NS 20 (= 84) (1970) 315–319, und von H. Goldbrunner, in: *Gnomon* 42 (1970) 336–339.]

Übersetzungen

C. F. Schnitzer: Aristoteles' Werke. Abth. 6. Bd. 6: Acht Bücher vom Staate, Buch VI–VIII, und Ökonomik. Stuttgart 1856.

E. S. Forster: Oeconomica. Oxford 1921. (The Works of Aristotle. 10.)

G. C. Armstrong: Oeconomica and Magna Moralia. Cambridge (Mass.) / London 1935. (Aristotle in twenty-three volumes. 18.)

P. Gohlke: Aristoteles: Die Lehrschriften. Tl. VII,6: Über Hauswirtschaft. Paderborn 1947. [2. Aufl. 1953.]

J. Tricot: Aristote: [Les] économiques. Paris 1958 [u. ö.].

R. Laurenti: Aristotele: Il trattato sull'economia. Bari 1967 [u. ö.].

B. A. van Groningen / A. Wartelle: Aristote: Économique. Paris 1968.

R. Zoepffel: Aristoteles: Ökonomik. Berlin. [In Vorb.]

Zu Aristoteles' *Oikonomika*

In der Einführung werden die nicht immer eindeutig überlieferten und in der Forschung oft umstrittenen Daten nach den wohlerwogenen Angaben in S. Lauffer, *Daten der griechischen und römischen Geschichte*, hrsg. von K. Brodersen, München 1987, geboten.

B. G. Niebuhr: Über das zweyte Buch der Oekonomika unter den aristotelischen Schriften (1812). In: Kleine historische und philologische Schriften. Bd. 1. Bonn 1828. 412–416.

L. Spengel: Aristotelische Studien III: Zur Politik und Oekonomik. München 1868. (Abhandlungen der philosophisch-philologischen Classe der königl. Bayer. Akademie der Wissenschaft 11 [= Denkschriften 42], 3. Abt.) 53–128. – Auch als Einzelveröffentl.: München 1868. 1–76. [S. spez. 125–128 (73–76).]

A. Kirchhoff: Zur Aristotelischen Ökonomik. In: Hermes 13 (1878) 139–140.

A. Erman / U. Wilcken: Die Naukratisstele. In: Zeitschrift für ägyptische Sprache 38 (1900) 127–135.

U. Wilcken: Zu den pseudo-aristotelischen Oeconomica. In: Hermes 36 (1901) 187–200.

K. Riezler: Das zweite Buch der pseudoaristotelischen Ökonomik. Diss. München 1906. – Wieder in: Ders.: Über Finanzen und Monopole im alten Griechenland. Berlin 1907. [Die 39 Seiten umfassende Dissertation ist hier als »Teil I«, S. 9–43 integriert, die Seitenzählung aber jeweils um 4 höher als dort, also S. 5 Diss. = S. 9 Buch. Vgl. K. D. Erdmann (Hrsg.), *Kurt Riezler: Tagebücher, Aufsätze, Dokumente*, Göttingen 1972; W.

Kornhass, *Kurz Riezlers frühe Schriften*, Diss. München 1973; W. C. Thompson, *In the Eye of the Storm: Kurt Riezler and the Crises of Modern Germany*, Iowa City 1980.]

P. Schneider: Das zweite Buch der Pseudo-Aristotelischen Ökonomika. Diss. Würzburg 1907.

O. Schlegel: Beiträge zur Untersuchung über die Quellen und die Glaubwürdigkeit der Beispielsammlung in den Pseudo-Aristotelischen Ökonomika. Diss. Berlin 1909.

A. Andreades: Peri ton demosionomikon theorion tou Aristotelous. In: Epistemonike Epeteris Panepistemiou Athenon 11 (1914/15) 23–144.

E. von Stern: Zur Wertung der Pseudo-Aristotelischen zweiten Oekonomik. In: Hermes 51 (1916) 422–440.

A. Andreades: Geschichte der griechischen Staatswirtschaft. München 1931.

L. Cracco Ruggini: Eforo nello Pseudo-Aristotele, *Oec.* II? In: Athenaeum N. S. 44 (1966) 199–236. 45 (1967) 3–88. [Will ohne überzeugende Gründe Ephoros als Quelle des Buchs erweisen.]

R. Laurenti: Studi sull'Economico attribuito ad Aristotele. Mailand 1968. 31–59.

Ch. Habicht: Der Beitrag Spartas zur Restitution von Samos während des Samischen Krieges (Ps.-Aristoteles, Ökonomik II 2,9). In: Chiron 5 (1975) 45–50.

H. Engelmann: Ps.-Aristoteles über Prozesse in Phokaia. In: Zeitschrift für Papyrologie und Epigraphik 24 (1977) 226.

M. R. Cataudella: Oikonomika: Esperienze di finanza pubblica nella Grecia antica. Florenz 1984. 10–61. [Zum Theorie-Teil, den C. ins 3. Jh. v. Chr. datiert.]

G. Jackson: Sulla fortuna dell'*economico* pseudo-aristotelico o di Teofrasto fino all XIV secolo. In: Annali dell'Istituto Universitario Orientale di Napoli [AION]. Sezione filologico-letteraria 4–5 (1982–1993) 141–183. [Mit reicher Bibliographie zum Nachleben der Schrift.]

S. Isager: Once upon a Time: On the Interpretation of [Aristotle,] *Oikonomika* II. In: Studies in ancient history and numismatics presented to Rudi Thomsen. Aarhus 1988. 77–83.

J. Engels: Zu einigen Problemen des zweiten Buches der pseudo-aristotelischen Oikonomika-Schrift. In: Laverna 4 (1993) 1–25.

Das Mannheimer DFG-Projekt »Antike Kriegskosten« untersucht derzeit die Bedeutung der Schrift für diese Fragestellung.

Zu Aristoteles' ökonomischem Denken allgemein

D. Willers: Die Ökonomie des Aristoteles. Diss. Breslau 1931. [Nicht zu den *Oikonomika*.]

M. I. Finley: Aristoteles und ökonomische Analyse. In: Jahrbuch für Wirtschaftsgeschichte 2 (1971) 87–105. [Engl. 1970.]

– Die antike Wirtschaft. München 1977. [3. Aufl. 1993; engl. 1973, Neuausg. 1984.]

P. Koslowski: Politik und Ökonomie bei Aristoteles. Tübingen ³1993.

S. Meikle: Aristotle's Economic Thought. Oxford 1995.

Ch. P. Baloglou / H. Peukert: Zum antiken ökonomischen Denken der Griechen: Eine kommentierte Bibliographie. Marburg ²1996.

Karte 1: Die Mittelmeerwelt

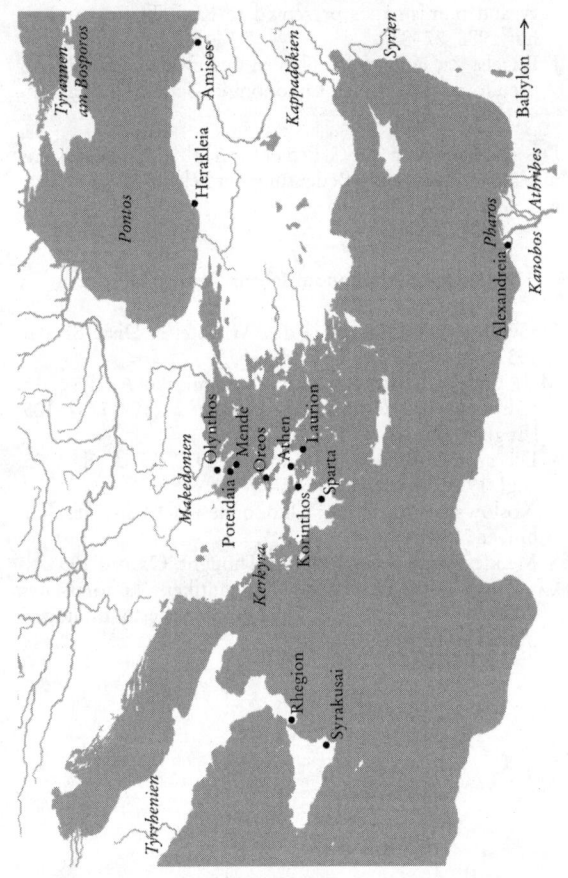

Karte 2: Westkleinasien

Register

Das Register erfasst geographische und Personen-Namen. Die Großbuchstaben beziehen sich auf die Kapitel der Einführung, die Ziffern auf die Abschnitte des Werks.